JARAM BOOKS

초판 1쇄 펴낸 날 | 2012년 08월 15일

지은이 | 박 연 아
펴낸이 | 김 선 화

펴 낸 곳 | 도서출판 자람
주　　소 | 서울시 마포구 광성로 6안길 20 (신수동 89-92)
전　　화 | 02-332-7500
팩　　스 | 02-336-4747
e-mail　 | unbook@naver.com
출판등록 | 제 313-2010-61호

값 6,000원
ISBN 978-89-89896-92-0 (73690)

이 책에 실린 글과 그림을 무단으로 복사, 복제,
배포하는 것은 저작권자의 권리를 침해하는 것입니다.

- ㄱ 으로 시작하는 우리나라 속담 ★ 4
  - ㄴ 으로 시작하는 우리나라 속담 ★ 46
- ㄷ 으로 시작하는 우리나라 속담 ★ 64
  - ㅁ 으로 시작하는 우리나라 속담 ★ 89
- ㅂ 으로 시작하는 우리나라 속담 ★ 109
  - ㅅ 으로 시작하는 우리나라 속담 ★ 125
- ㅇ 으로 시작하는 우리나라 속담 ★ 151
  - ㅈ 으로 시작하는 우리나라 속담 ★ 177
- ㅊ 으로 시작하는 우리나라 속담 ★ 193
  - ㅋ 으로 시작하는 우리나라 속담 ★ 198
- ㅌ 으로 시작하는 우리나라 속담 ★ 202
  - ㅍ 으로 시작하는 우리나라 속담 ★ 204
- ㅎ 으로 시작하는 우리나라 속담 ★ 208

★ 귀에 쏙쏙 영어 속담 ★ 220

ㄱ으로 시작하는 우리나라 속담

★ **가까운 남이 먼 일가보다 낫다.**
  ▶멀리 떨어져 있는 가족보다 오히려 가까운 이웃에 살고 있는 사람이 더 낫다.

★ **가갸 뒷자도 모른다.**
  ▶글자도 모르는 무식한 사람을 비웃는 말이다.

★ **가난 구제는 나라도 못한다.**
  ▶가난하고 헐벗은 사람을 도와주는 것은 옳지만, 가난한 이가 수도 없이 많으니 나라에서 나서서 도와준다고 해도 이를 완전히 해결하기는 어렵다는 뜻이다.

★ 가난이 죄다.
▶가난하기 때문에 여러 가지 범죄나 불행과 고통을 당하게 된다.

★ 가는 날이 장날이다.
▶우연히 갔다가 생각지 않았던 일을 만났을 때 이르는 말이다.

★ 가는 말에 채찍질이다.
▶잘되어 가는 일에 더 잘되도록 부추기는 것을 이르는 말이다.

★ 가는 말이 고와야 오는 말이 곱다.
▶자신이 먼저 남에게 잘 대해 주어야 남도 자신에게 잘 대해 준다는 뜻이다.

★ 가는 방망이 오는 홍두깨이다.
▶남에게 해를 끼치면 자신에게는 그보다 더 큰 화가 돌아온다는 뜻이다.

★ 가는 세월 오는 백발이다.
▶세월이 가면 사람은 늙는다는 뜻이다.

★ 가는 떡이 커야 오는 떡이 크다.
▶남에게 큰 은혜를 베풀어야 자기도 남에게서 그만큼 큰 은혜를 받을 수 있다는 말이다.

★ 가랑비에 옷 젖는 줄 모른다.
▶아무리 작은 일이라도 신경 쓰지 않고 놔두면 무시하지 못할 정도로 일이 커진다는 뜻.

★ 가려운 데를 긁어 주듯.
▶남의 괴로움이나 요구 따위를 알아서, 그것을 풀어 주거나 만족시킨다는 뜻이다.

★ 가로지나 세로지나.
▶이렇게 되든지 저렇게 되든지 란 뜻이다.

★ 가루는 칠수록 고와지고 말은 할수록 거칠어진다.
▶말은 할수록 실수가 잦아지고 해가 되어 돌아오기 때문에 말을 삼가라는 뜻이다.

★ 가마가 검기로 밥도 검을까.
▶겉보기에 좋지 않다고 하여 속마저 좋지 않다고 판단하지 말라는 말이다.

★ 가물 끝은 있어도 장마 끝은 없다.
▶가물은 아무리 심해도 농작물이 피해를 보는 정도에서 그치지만 큰물은 모든 것을 쓸어가 버리기 때문에 아무것도 남지 않는다는 뜻이다.

★ 가물에 콩 나듯.
▶어쩌다 하나씩 드문드문 나타난다는 말이다.

★ 가을 무 껍질이 두꺼우면 겨울에 춥다.
▶ 날씨 관련 속담으로 가을철 무의 껍질이 두꺼우면 그 해 겨울이 매우 춥다는 뜻이다.

★ 가을에 밭에 가면 가난한 친정에 가는 것보다 낫다.
▶ 가을밭에는 먹을 것이 많이 있다는 말이다.

★ 가재는 게 편이요, 초록은 한 빛이라.
▶ 형편이나 처지가 비슷한 사람끼리 어울리게 되어 서로 편이 되고 잘 감싸줌을 이르는 말이다.

★ 가지 많은 나무 바람 잘 날 없다.
▶ 자식이 많은 부모는 그 자식으로 인해 근심 걱정으로 편할 날이 없다는 뜻이다.

★ 간에 기별도 안 간다.
▶ 음식을 너무 조금 먹어 양에 차지 않는다는 뜻이다.

★ 간에 붙었다 쓸개에 붙었다 한다.
▶지조 없이 형편에 따라 아무에게나 아첨하는 것을 이르는 말이다.

★ 간이라도 빼어(뽑아) 먹이겠다.
▶아주 친한 사이므로 네 것 내 것을 가리지 않고 무엇이라도 다 내어 줄 것 같다는 뜻이다.

★ 간이 콩알만 하다.
▶겁이 나서 몹시 두려워하는 것을 뜻한다.

★ 갈수록 태산이다.
▶일이 갈수록 점점 더 어려워짐을 뜻한다.

★ 감나무 밑에 누워서 홍시 떨어지기를 바란다.
▶노력을 하지 않고 좋은 결과만을 바란다는 말이다.

★ 감사 덕분에 비장 나으리 호사한다.
▶ 남의 덕에 좋은 대접을 받는다는 뜻이다.

★ 감출 줄 모르고 훔칠 줄만 안다.
▶ 하나는 알고 둘은 모른다는 뜻이다.

★ 값싼 것이 비지떡이다.
▶ 무슨 물건이든지 값이 싸면 품질이나 격이 떨어진다는 뜻이다.

★ 강물도 쓰면 준다.
▶ 흔한 물건이라도 헤프게 쓰면 줄어드니 아껴 쓰라는 뜻이다.

★ 강물이 돌을 굴리지 못한다.
▶ 강의 물은 흘러가도 돌을 움직여 굴리지 못한다는 뜻으로 유행이나 대세에 따르지 않고 좀처럼 움직이지 않는다는 뜻이다.

★ 강태공의 곧은 낚시질이다.
▶ 큰 뜻을 품고 때가 오기를 기다리며 한가한 나날을 보낸다는 뜻이다.

★ 같은 값이면 다홍치마다.
▶ 같은 값이면 보기에 좋은 것으로 택하는 것이 낫다는 뜻이다.

★ 같이 우물 파고 혼자 먹는다.
▶ 노력은 여럿이 하고 그 이득은 혼자 차지하는 것을 말한다.

★ 개같이 벌어서 정승같이 산다.(쓴다)
▶ 돈을 벌 때에는 천하고 궂은일도 가리지 않고 벌고, 번 돈을 쓸 때에는 어엿하고 보람 있게 쓴다는 뜻이다.

★ 개구리 올챙이 적 생각을 못한다.
▶ 과거에 가난하거나 천하던 때 생각은 못하고 잘난 듯이 행실 하는 것을 뜻하는 말이다.

★ 개구리 주저앉은 뜻은 멀리 뛰자는 뜻이다.
▶ 남이 보기에는 포기하고 좌절한 듯 보이지만 큰일을 하기 위해 준비하자는 뜻이다.

★ 개 눈에는 똥만 보인다.
▶ 평소 가까이하고 좋아하던 것이 먼저 눈에 띄는 법이고, 질이 낮은 사람에게는 질이 낮은 것밖에 보이지 않는다는 뜻이다.

★ 개도 나갈 구멍을 보고 쫓아라.
▶ 사람을 궁지에 몰아넣더라도 너무 지나치게 하면 도리어 손해를 입을 수 있으니 무슨 일에나 여유를 주면서 하라는 뜻이다.

★ 개도 주인을 보면 꼬리를 친다.
▶ 자기에게 도움을 주고 은혜를 끼친 사람을 사람으로서 어찌 모른 체 할 수 있냐는 뜻이다.

★ 개도 주인을 알아본다.
▶은혜를 모르는 사람을 개만도 못하다고 빗대어 나타낸 말이다.

★ 개똥도 약에 쓰려면 없다.
▶흔한 물건도 막상 필요하여 찾으면 눈에 띄지 않는다는 뜻이다.

★ 개똥이 무서워서 피하나, 더러워 피하지.
▶상대하지 못할 사람하고는 아예 상종하지 않고 피하는 것이 낫다는 뜻이다.

★ 개미구멍으로 공든 탑 무너진다.
▶매우 작은 결함이라도 곧 손을 쓰지 않으면 그것이 커져 일 전체를 망칠 수 있다는 뜻이다.

★ 개미새끼 하나도 얼씬 못한다.
▶허락된 사람 외에는 아무도 얼씬도 못한다는 말이다.

★ 개밥에 도토리다.
▶축에 끼지 못하고 따돌림을 당하는 외로운 처지를 두고 하는 말이다.

★ 개를 기르다가 다리를 물렸다.
▶자신이 도와주고 은혜를 베풀어 주었던 사람에게 오히려 해를 당했다는 뜻이다.

★ 개도 텃세한다.
▶어디에나 텃세는 있기 마련이라는 뜻이다.

★ 개천에서 용 난다.
▶보잘것없는 집안에서 훌륭한 인물이 나왔다.

★ 개 팔자가 상팔자다.
▶놀고 있는 개가 부럽다는 뜻으로, 분주하고 고생스러울 때 하는 말이다.

★ 객지 생활 삼 년에 골이 빈다.
▶집 떠나면 남이 아무리 잘 해준다 해도 고생이 되므로 허울만 남게 된다는 뜻이다.

★ 거미는 작아도 줄만 잘 친다.
▶몸집은 작지만 저 할 일은 제 스스로 다한다.

★ 거북이 잔등의 털을 긁는다.
▶얻지 못할 곳에 가서 애써 구하려 하는 어리석음을 이르는 말이다.

★ 거지가 말 얻은 격이다.
▶거지가 먹이기 힘든 말까지 가지게 되었다는 뜻으로 괴로운 중에 더욱 괴로운 일이 겹쳐졌을 때 이르는 말이다.

★ 거지가 도승지를 불쌍하다 한다.
▶자신도 불행한 처지면서 도리어 그렇지 않은 사람을 동정한다는 뜻이다.

★ 거지도 부지런하면 더운밥을 얻어먹는다.
▶사람은 부지런해야 잘 살 수 있다는 뜻이다.

★ 걱정도 팔자다.
▶안 해도 될 걱정을 자꾸 하는 것을 놀리듯 이르는 말이다.

★ 걸어가다가도 말만 보면 타고 가자한다.
▶자기 혼자 있을 때는 일을 잘 처리해나가다가도 남을 만나면 공연히 의지하려한다.

★ 걷기도 전에 뛰려고 한다.
▶쉬운 것도 못하면서 단번에 어려운 일을 하려한다는 뜻이다.

★ **검은 머리 파뿌리 되도록.**
▶늙어서 머리가 하얗게 셀 때까지 오래오래.

★ **검다 희다 말이 없다.**
▶반응이나 의견을 전혀 나타내지 않는 것을 이르는 말이다.

★ **걸음아 날 살려라.**
▶누군가에게 쫓겨 도망갈 때 마음이 급해 다리가 더 빨리 움직여지기를 바랄 때 하는 말이다.

★ **겉 다르고 속 다르다.**
▶겉으로 드러나는 행동과 마음속에 품은 생각이 서로 달라서 사람의 됨됨이가 바르지 못함을 뜻한다.

★ **겉보리 서 말만 있으면 처가살이하랴.**
▶처가살이는 할 것이 못 된다는 뜻이다.

★ 게 눈 감추듯 한다.
▶게가 눈을 감추는 것처럼 빨리 음식을 먹는다.

★ 게으른 선비 책장 넘기기.
▶자신의 일은 충실하지 않고, 그 일에서 벗어날 궁리만 한다는 뜻이다.

★ 겨울 화롯불은 어머니보다 낫다.
▶추울 때는 화롯불이 제일이라는 뜻이다.

★ 겨울이 지나지 않고 봄이 오랴.
▶급하다고 해서 순서를 무시하고 건너뛰거나 뒤바꾸어 행동할 수 없다는 뜻이다.

★ 겨울이 다 되어야 솔이 푸른 줄 안다.
▶사람은 위급하거나 어려운 때를 당해 보아야 비로소 어떤 사람인지를 알 수 있다는 말이다.

★ 계란이나 달걀이나.
▶이것이나 저것이나 다 마찬가지라는 뜻이다.

★ 계집은 남의 것이 곱고
 자식은 제 새끼가 곱다.
▶자식에 대한 부모의 정은 더할 나위가 없음을 이르는 말이다.

★ 계집 때린 날 장모 온다.
▶우연히 난처한 일이 겹친다는 말이다.

★ 계집 바뀐 건 모르고 젓가락 짝 바뀐 건 안다.
▶큰 변화는 모르고 지내면서, 소소하게 달라진 것에 대해서는 떠드는 사람을 핀잔하는 말이다.

★ 계집의 곡한(독한) 마음 오뉴월에 서리 친다.
▶여자가 한번 마음이 틀어져 미워하거나 원한을 품으면 오뉴월에도 서릿발이 칠 만큼 매섭고 독하다는 뜻이다.

★ 계집의 매도 너무 맞으면 아프다.
▶처음에는 대수롭지 않은 조그마한 것이었지만 여러 번 당하니 큰 손해가 된다는 뜻이다.

★ 고기는 씹어야 맛이고 말은 해야 맛이라.
▶혼자 마음속으로만 애태우지 말고 할 말은 속 시원히 해야 한다.

★ 고기도 먹어 본 사람이 잘 먹는다.
▶무슨 일이든지 늘 해 본 사람이 더 손쉽게 잘 한다.

★ 고기도 저 놀던 물이 좋다.
▶오랫동안 정든 동네가 좋고 늘 가까이 지내던 사람들이 좋다는 뜻이다.

★ 고드름 초장 같다.
▶ 겉보기에는 훌륭한 것 같으나 실지로는 아무 맛도 없는 음식이나 또는 그와 같이 실속이 없는 일을 이르는 말이다.

★ 고래 싸움에 새우등 터진다.
▶ 힘센 사람끼리 권력 다툼하는 틈에 끼여 있다가 아무 이해관계 없는 약한 사람이 해를 입는다는 뜻이다.

★ 고슴도치도 제 새끼가 함함하다며 좋아한다.
▶ 남에게 칭찬받을 거리가 못 되는 것이라도 이를 칭찬하여 주면 좋아한다는 뜻이다.

★ 고양이 알 낳을 일이다.
▶ 근거 없는 거짓말 같은 일이라는 뜻이다.

★ 고양이와 개다.
▶ 만나면 서로 적대시하는 것을 뜻한다.

★ 고양이 뿔도 있다.
▶모든 것이 갖추어져 있어 부족함이 없다.

★ 고욤이 감보다 달다.
▶여기서 고욤은 고욤나무의 열매를 이르는 말로 감보다 작고 맛이 달면서 좀 떫은 열매다. 곧 작은 것이 큰 것보다 오히려 알차고 질이 좋을 때 이르는 말이다.

★ 고운 털 박히다.
▶남달리 곱게 여길 만한 점이 있다.

★ 고름이 살 되랴.
▶살이 썩은 고름은 아무리 몸에 그대로 두어도 살이 될 리 없는 것과 같이, 무엇이나 소용없는 것은 빨리 없애 버리라는 뜻이다.

★ 고사리도 꺾을 때 꺾는다.
▶무슨 일이든 그에 맞는 알맞은 시기가 있으니 그때를 놓치지 말라는 뜻이다.

★ 고생 끝에 낙이 있다.
▶어려운 일을 겪고 나면 즐거운 일이 돌아온다.

★ 고삐가 길면 밟힌다.
▶무엇인가를 계속하면 마침내 들키게 된다.

★ 고양이가 발톱을 감춘다.
▶재주 있는 사람은 그 능력을 드러내지 않는다.

★ 고양이 개 보듯한다.
▶고양이와 개는 서로 만나기만 하면 으르렁대는 것과 같이, 사람이 사이가 좋지 않아 서로 만나기만 하면 싸우려고 한다.

★ 고양이 보고 반찬 가게 지켜 달란다.
▶믿을 수 없는 사람에게 중요한 일을 맡겨 불안하다는 뜻이다.

★ 고양이 앞에 쥐걸음이다.
▶강한 사람 앞에서 꼼짝도 못하는 약한 사람의 모습을 이르는 말이다.

★ 고양이 쥐 생각한다.
▶속으로는 해칠 생각이면서도 겉으로는 생각해 주는 척함을 이르는 말이다.

★ 고양이 세수하듯.
▶사람이 무슨 일을 하는 체 흉내만 내고 제대로 하지 않을 때 쓰이는 속담이다.

★ 고와도 내 님, 미워도 내 님이다.
▶좋으나 나쁘나 한 번 맺은 정은 어쩔 수 없다.

★ 고운 일 하면 고운 밥 먹는다.
▶좋은 일을 하면 좋은 결과가, 나쁜 일을 하면 나쁜 결과가 돌아온다.

★ 고운 정 미운 정.
▶오래 사귀는 사이에 서로 뜻이 맞거나 혹은 안 맞는 경우도 있었으나, 그러한 고비를 모두 넘기고 깊이 든 정을 말한다.

★ 고추는 작아도 맵다.
▶몸집이 작아도 힘이 세거나 하는 짓이 야무진 사람을 비유하여 이르는 말이다.

★ 곡식 이삭은 잘 될수록 고개를 숙인다.
▶이삭이 잘 익으면 고개를 숙이듯이 훌륭한 사람일수록 교만하지 않고 겸손하다는 뜻이다.

★ 곤장을 매고 매 맞으러 간다.
▶ 공연한 일을 하여 스스로 화를 자초함을 비유적으로 이르는 말이다.

★ 곧은 나무 먼저 찍힌다.
▶ 너무 뛰어나거나 성질이 둥글지 못한 사람은 남에게 미움을 사기 쉽다는 뜻이다.

★ 골이 상투 끝까지 났다.
▶ 골이 몹시 났음을 이르는 말이다.

★ 골나면 보리방아 더 잘 찧는다.
▶ 화가 난 김에 하는 일이 더 잘 되는 경우

★ 곰은 쓸개 때문에 죽고, 사람은 혀 때문에 죽는다.
▶ 사람은 말 때문에 낭패를 보는 경우가 많으니, 말조심하라는 뜻이다.

★ 공기 돌 놀리듯 한다.
▶자기 마음대로 아무렇게나 한다는 말이다.

★ 공술 한 잔 보고 십 리 간다.
▶제 돈 안 들이고 거저 생기는 것이라면 무엇이나 좋아한다.

★ 공술에 술 배운다.
▶술이라는 것은 처음에는 반드시 남의 권유에 못 이겨 마시다가 배우게 된다는 말이다.

★ 공짜라면 양잿물도 마신다.
▶누구든지 공짜는 좋아한다는 말이다.

★ 공은 공이고 사는 사다.
▶공적인 일과 사적인 일은 가려 행해야 한다.

★ 공것 바라면 이마가 벗어진다.
▶공짜를 좋아하면 이마가 벗어져 대머리가 된다고 놀리는 말이다.

★ 공것이라면 비상도 먹는다.
▶공것이라면 먹으면 죽는 비상도 먹는다는 말이니 공것은 누구나 다 좋아한다는 뜻이다.

★ 공든 탑이 무너지랴.
▶무엇이나 힘을 들이고 정성을 다한 일은 결코 헛되지 않다.

★ 공부 하랬더니 개잡이를 배웠다.
▶좋은 일을 하라고 권했더니 엉뚱하게도 못된 짓을 배웠다.

★ 곶감 꼬치에서 곶감 빼 먹듯.
▶애써 모아 둔 것을 조금씩 쉽게 헐어 써 버림을 이르는 말이다.

★ 과부 은 팔아먹기.
  ▶과부는 가지고 있는 재산으로 먹고 산다.

★ 과부 설움은 홀아비가 안다.
  ▶남의 곤란한 처지는 직접 그 일을 당해 보았거나, 같은 처지에 있는 사람이 잘 안다는 뜻이다.

★ 과부 집에 가서 바깥양반 찾기(찾는다).
  ▶얼토당토않은 데 가서 응당 없을 사람이나 물건을 찾는 싱거운 짓을 이르는 말이다.

★ 관 옆에서 싸움한다.
  ▶예의를 모르고 무엄한 짓을 함의 비유

★ 광에서 인심 난다.
  ▶먹고살 만큼 넉넉해야만 남을 동정하게 된다는 말이다.

★ 구관이 명관(名官)이다.
▶경험 많은 사람이 더 낫다.
나중 사람을 겪어 봄으로써 먼저 사람이 좋은 줄 알게 된다는 말이다.

★ 구년 홍수에 햇볕 기다리듯.
▶오랜 세월 동안 간절히 바라고 기다리다.

★ 구더기 무서워 장 못 담글까.
▶다소 방해되는 일이 있더라도 할 일은 해야 한다.

★ 구슬이 서 말이라도 꿰어야 보배다.
▶아무리 훌륭한 일이라도 끝맺음을 잘해야 그 가치가 있다.

★ 구운 게도 다리를 떼고 먹는다.
▶매사에 조심해서 해나간다.

★ 구제할 것은 없어도 도둑 줄 것은 있다.
  ▶아무리 가난한 집안이라도 도둑맞을 물건은 있다는 말이다.

★ 구렁이 담 넘어가듯.
  ▶일 처리를 분명하고 깔끔하게 하지 못하고 슬그머니 얼버무려 버림을 탓하여 하는 말이다.

★ 구멍 보아 가며 말뚝 깎는다.
  ▶형편을 보아 가며 알맞게 일을 꾸려 나간다는 말이다.

★ 국이 끓는지 장이 끓는지.
  ▶무슨 일이 어떻게 되어가는 지 도무지 그 속사정을 모르겠다는 뜻이다.

★ 굴러 온 호박이다.
  ▶뜻밖에 좋은 수가 생김을 나타낼 때 쓴다.

★ 굼벵이도 구르는 재주가 있다.
▶무능한 사람도 한 가지 재주는 있음을 비유하여 이르는 말이다.

★ 굿이나 보고 떡이나 먹지.
▶남의 일에 쓸데없이 간섭하지 말고 자기 이익이나 얻도록 하라는 말이다.

★ 궁지에 든 쥐가 고양이를 문다.
▶아무리 약한 놈이라도 죽을 지경에 이르면 용기를 내어 적에게 달려든다.

★ 궁하면 통한다.
▶매우 어려운 처지에 놓이면 벗어날 도리가 생긴다.

★ 궂은일에는 일가만한 이가 없다.
▶궂은일을 당했을 때는 일가친척이 도움이 된다. 상사를 당하면 일가가 서로 도와 초상을 치러낸다는 말이다.

★ 귀 막고 방울 도둑질 한다.
▶얕은꾀로 남을 속이려 한다.

★ 귀머거리 삼 년, 벙어리 삼 년.
▶시집살이하기가 매우 어려우니, 모든 일에 조심하여 듣고도 못 들은 체, 보고도 못 본 체하라는 말이다.

★ 귀신이 곡할 노릇.
▶일이 하도 신기하여 귀신도 탄복할 만하다는 말이다.

★ 귀신이 씻나락 까먹는 소리다.
▶이치에 닿지 않는 엉뚱하고 쓸데없다는 뜻이다.

★ 귀신도 빌면 듣는다.
▶죽은 사람의 넋도 잘못했다고 빌면 듣는 법인데, 하물며 산 사람끼리 진심으로 사과하는 데 용서해 주지 않겠느냐는 뜻이다.

★ 귀신도 모른다.
> ▶무슨 일이 극히 비밀이어서 아무리 알려고 하는 사람도 그 내용을 모른다.

★ 귀에 걸면 귀걸이, 코에 걸면 코걸이다.
> ▶한 가지 사물 또는 현상이 보기에 따라 이렇게도 저렇게도 보인다는 말이다.

★ 귀 장사하지 말고 눈 장사하라.
> ▶소문만 듣지 말고 실제로 보고 확인하라는 뜻이다.

★ 귀한 자식 매 한 대 더 때리고, 미운 자식 떡 한 개 더 준다.
> ▶자녀가 귀여울수록 버릇을 잘 가르쳐야 한다.

★ 그 아비에 그 아들이다.
> ▶여러 점에서 아들이 아버지를 많이 닮은 경우에 하는 말이다.

★ 그릇도 차면 넘친다.
▶모든 것이 한 번 번성하고 가득차면 다시 쇠퇴한다.

★ 그림의 떡이다.
▶무슨 좋은 것을 봤어도 실제로는 자기가 가질 수 없는 형편이라는 뜻이다.

★ 그물에 든 고기 신세이다.
▶이미 잡힌 몸이 되어 벗어날 수 없는 신세.

★ 긁어 부스럼한다.
▶쓸데없이 건드려서 일거리를 만든다는 뜻이다.

★ 금이야 옥이야.
▶몹시 아끼고 귀여워하는 모양을 비유하여 이르는 말이다.

★ 금값도 모르고 싸다 한다.
▶어떤 일에 대해 아무것도 모르면서 아는 체한다.

★ 금강산도 식후경이다.
> ▶아무리 재미있는 일이라도 배가 불러야 흥이 난다는 말이다.

★ 급하기는 우물에 가서 숭늉 달라겠다.
> ▶성미가 몹시 급한 사람을 비웃는 말이다.

★ 급하다고 바늘허리에 실 매어 쓸까?
> ▶아무리 급하더라도 일에는 순서가 있다.

★ 급히 먹는 밥이 목이 멘다.
> ▶바쁘다고 일을 서두르면 실패하기 쉽다

★ 기는 놈 위에 나는 놈이 있다.
> ▶잘난 사람 위에 더 잘난 사람이 있다.

★ 기도 못하는 게 날려 한다.
> ▶자신의 능력은 생각하지도 않고 터무니없이 큰일을 하겠다고 덤빈다.

★ 기역자 왼 다리도 못 그린다.
▶아주 무식함을 이르는 말이다.

★ 기와 한 장 아끼다가 대들보 썩힌다.
▶작은 것을 아끼다가 큰 손해를 본다.

★ 긴 병에 효자 없다.
▶부모의 병을 간호하던 자식도 처음에는 잘 하지만 시일이 오래가면 나중에는 잘 못하는 수가 있으므로 효자 노릇을 못하게 된다. 이처럼 무슨 일을 한 가지만 오래 계속하면 자연히 싫증이 나고 성의가 부족해진다는 뜻이다.

★ 길고 짧은 것은 대보아야 안다.
▶크고 작고, 잘나고 못 나고는 실제로 겨루어 보아야 한다.

★ 길 닦아 놓으니까 미친년이 먼저 지나간다.
▶ 애써 일을 이루어 놓으니까 별로 달갑지 않은 사람이 먼저 이용한다.

★ 길로 가라니까 뫼로 간다.
▶ 좋은 방법을 가르쳐 줘도 고집을 부리어 좋지 못한 방법을 택하여 행동한다.

★ 길이 아니면 가지 말고, 말이 아니면 탓하지 마라.
▶ 다니는 길이 아니면 가지 말고, 돼먹지 못한 말은 듣지 말라. 즉 사리에 어긋나는 것이라면 시비를 하지 말라.

★ 김 안 나는 숭늉이 더 뜨겁다.
▶ 말 많은 사람보다 말 없는 사람이 더 무섭다.

★ 김장은 겨울철 반양식이다.
▶글자 그대로 김장은 겨울을 나는데 필요한 중요한 식료라는 뜻이다.

★ 김칫국부터 마신다.
▶남의 속도 모르고 제 짐작으로 지레 그렇게 될 것을 믿고 행동함을 비유하여 이르는 말.

★ 깊고 얕은 물은 건너보아야 한다.
▶무엇이나 직접 겪어 보아야 알 수 있으며, 사람도 실제로 사귀어 보아야 알 수 있음을 비유적으로 이르는 말이다.

★ 까마귀 겉 검다고 속조차 검을 쏘냐.
▶사람은 겉모양만 보고 평해서는 안 된다.

★ 까마귀 고기를 먹었나.
▶잊기를 잘하는 사람을 조롱하는 말이다.

★ 까마귀 날자 배 떨어진다.
▶아무 뜻 없이 한 일이 다른 일과 공교롭게 때가 일치하여, 무슨 관계가 있는 것처럼 의심을 받게 되는 경우를 비유하여 이르는 말이다.

★ 까막까치도 집이 있다.
▶자기 집이 없는 처지를 한탄하는 말이다.

★ 깐깐 오월, 미끈 유월이다.
▶오월과 유월은 할 일이 많아 어느 틈에 가는지 모르게 빨리 지나가 버린다.

★ 깨어진 그릇 맞추기.
▶한 번 그르친 일을 이전의 상태로 되돌리기는 어렵다.

★ 깨진 요강 단지 받든다.
▶조심조심하여 삼가는 것의 형용

★ 꼬리가 길면 밟힌다.
▶아무리 비밀히 한다 해도 어떤 일을 오래하면 결국은 들키고 만다.

★ 꼬리 먼저 친 개가 밥은 나중 먹는다.
▶무슨일이나 먼저 서두르고 나서면 도리어 남보다 뒤지는 수가 있다.

★ 꼴을 베어 신을 삼겠다.
▶은혜를 잊지 않고 보답하겠다.

★ 꽃이 좋아야 나비가 모인다.
▶자기 조건이 좋아야 좋은 것을 선택할 수 있다.

★ 꾸어다 놓은 보릿자루다.
▶여럿이 노는 데 끼어들지 못하는 사람을 빗대어 하는 말이다.

★ 꿀도 약이라면 쓰다.
▶이로운 말을 듣기 싫어한다는 말이다.

★ 꿀 먹은 벙어리다.
▶어떤 일에 대하여 알면서도 아무 말 없는 사람이나 마음속의 생각을 말하지 못하는 사람을 조롱하여 이르는 말이다.

★ 꿈보다 해몽(이 좋다).
▶사실은 그렇지 못하나 해석 그럴싸하다.

★ 꿈에 본 돈이다.
▶무엇이 마음만 좋았지 실제로는 이로운 것이 조금도 없다는 뜻이다.

★ 꿩 대신 닭을 쓴다.
▶쓰려던 물건이 없어서 그와 비슷한 것을 쓴다.

★ **꿩 먹고 알 먹는다.**
▶한 가지 일로써 두 가지 이익을 보다.

★ **끓는 국에 국자 휘젓는다.**
▶남의 불행을 돕지 않고 더 불행하게 만든다.
노한 사람을 더 노하게 만든다.

여기서 잠깐 재미있는 유머퀴즈

 지구상의 많은 부족 중 가장 무서운 부족은?

 사업가들이 가장 무서워하는 부족은?

 주방에 있는 대학은?

 시간이 갈수록 점점 낮아지는 산은?

 조각칼로 나무를 파면 어떻게 될까요?

 정답 ① 식인부족 ② 자금부족 ③ 냄비대 ④ 하산하다 ⑤ 쪼개지지

코끼리와 고래를 결혼시켜서 태어난 말은?

 자기들만이 옳다는 사람들만 사는 집은?

 세상에서 제일 더럽고 추잡스럽기 짝이 없는 개는?

 곰이 목욕하는 곳은?

 하늘과 땅 사이에 있는 것은?

 정답 ⑥ 가로되 ⑦ 고집 ⑧ 물렁물렁 ⑨ 물곰 ⑩ 과

ㄴ으로 시작하는 우리나라 속담

★ 나간 놈의 몫은 있어도, 자는 놈의 몫은 없다.
  ▶활동하는 이에게는 두었다 줄 것이 있어도, 활동하지 않는 사람에게 줄 것은 없다.

★ 나귀에 짐 지고 타나, 싣고 타나.
  ▶이렇게 하거나 저렇게 하거나 결과는 같다.

★ 나는 새도 깃을 쳐야 날아간다.
  ▶무슨 일을 하든지 준비가 있어야 한다.

★ 나는 새도 떨어뜨린다.
  ▶날아가는 새도 떨어뜨릴 만큼 권세가 등등하다.

★ 나 먹자니 싫고, 개 주자니 아깝다.
  ▶내게 필요치 않은 것도 막상 남에게 주자니 아깝다.

★ 나무는 큰 나무 덕을 못 보아도 사람은 큰 사람의 덕을 본다.
▶ 큰 나무 밑에 있는 나무는 잘 자라지 못하나, 큰 사람 밑에 있으면 배우는 것이 많고 그 덕을 보게 된다.

★ 나쁜 일은 천 리 밖에 난다.
▶ 나쁜 일에 대한 소문은 먼 데까지 빨리 퍼짐을 비유적으로 이르는 말이다.

★ 나무에 오르라 해놓고 흔드는 격이다.
▶ 처음에는 남을 달콤한 말로 꾀어서 생각해주는 체 하다가 결국은 위험하거나 불행한 처지에 몰아넣는 것과 같다는 뜻.

★ 나무 잘 오르는 놈 떨어지고, 헤엄 잘 치는 놈 빠져 죽는다.
▶ 자기가 가진 재주 때문에 실패하게 된다.

★ 나쁜 소문은 빨리 퍼진다.
▶나쁜 일일수록 숨기려 해도 세상에 널리 퍼진다.

★ 나이 이길 장사 없다.
▶튼튼하던 사람도 나이 들면 쇠하는 것은 어찌할 수 없다.

★ 낙숫물이 댓돌을 뚫는다.
▶한 가지 목표를 향해 꾸준히 노력하면 아무리 어려운 일이라도 이룰 수 있다.

★ 날면 기는 것이 능하지 못하다.
▶여러 가지를 골고루 다 잘하기는 힘들다.

★ 남의 다리 긁는다.
▶자기를 위해서 한다는 일이 남을 위해서 한 결과가 되었다는 뜻이다.

★ 남의 고기 한 점 먹고, 내 고기 열 점 준다.
▶적은 이득을 보려다가 더 큰 손해를 본다.

★ 남의 눈에 눈물 내면, 제 눈에는 피가 난다.
▶남에게 악한 일을 하면 반드시 화를 받게 된다.

★ 남의 말이라면 쌍지팡이 짚고 나선다.
▶남의 일이나 잘못을 말하기 좋아한다.

★ 남의 말 하기는 식은 죽 먹기다.
▶남의 일이나 잘못을 말하기는 매우 쉽다.

★ 남의 잔치에 감 놓아라 배 놓아라 한다.
▶상관없는 남의 일에 간섭한다.

★ 남의 집 제사에 절하기다.
▶관계없는 일에 참여하여 헛수고만 한다.

★ 남의 흉이 한 가지면 제 흉이 열 가지이다.
▶남의 흉을 보지 말라는 뜻이다.

★ 남자는 배짱, 여자는 절개다.
▶남자는 굽히지 않고 버티는 힘이, 여자는 깨끗한 절개가 있어야 한다.

★ 낫 놓고 기역자도 모른다.
▶아주 무식함을 이르는 말이다.

★ 낮말은 새가 듣고 밤 말은 쥐가 듣는다.
▶아무리 비밀스런 말이라도 나중에는 반드시 남이 알게 되니 말조심하라는 뜻이다.

★ 내가 중이 되니 고기가 천하다.
▶필요하여 애써 구할 때는 귀하던 것도 구하지 않을 때는 흔하다.

★ 내 것 주고 뺨 맞는다.
▶이중으로 손해를 본다는 뜻이다.

★ 내 돈 서 푼은 알고, 남의 돈 칠 푼은 모른다.
▶제 것은 작은 것도 소중히 여기고, 남의 것은 많은 것도 대수롭지 않게 여긴다.

★ 내리사랑은 있어도 치사랑은 없다.

▶윗사람이 아랫사람을 사랑해도 아랫사람이 윗사람을 사랑하기는 어렵다.

★ 내 말은 남이 하고, 남 말은 내가 한다.
▶누구나 사람은 제 잘못은 제쳐놓고 남의 잘못 말하기를 좋아한다.

★ 내 발등의 불을 꺼야 아비 발등의 불 본다.
▶자기가 당한 급한 일부터 처리하고서야 비로소 남의 급한 일을 돌보게 된다는 말이다.

★ 내 밥 먹은 개가 발뒤축을 문다.
  ▶자기가 은혜를 베푼 자에게 도리어 해를 당하게 된다.

★ 내 얼굴에 침 뱉기다.
  ▶자신이 한 일이 자신을 깎아내리는 결과가 된다.

★ 내외간 싸움은 칼로 물 베기다.
  ▶부부간에 일시적 다툼으로 사이가 벌어져도 내버려 두면 자연히 화합한다.

★ 내 코가 석자다.
  ▶내 사정이 급해서 남의 사정까지 돌볼 수가 없다

★ 냇물은 보이지도 않는데 신발부터 벗는다.
  ▶아직 먼 일을 미리부터 쓸데없이 서두른다.

★ 네 떡 내 먹었더냐.
  ▶제가 일을 저질러 놓고 시치미 떼다.

★ 네 콩이 크니, 내 콩이 크니 한다.
▶어느 것이 낫고 못한지 분별하기 어려운 것을 가지고 서로 다툰다.

★ 노는 입에 염불하기.
▶아무 일도 하지 않고 노느니, 무슨 일이든지 하는 것이 낫다.

★ 노루 꼬리만 하다.
▶몹시 짧음을 이르는 말이다.

★ 노루 꼬리가 길면 얼마나 길까.
▶남의 재주를 깔보고, 보잘 것 없는 자기 재주를 과신하는 사람을 비웃는 말이다.

★ 노루를 피하니 범이 나온다.
▶일이 점점 어렵게 되어간다.

★ 노름 뒤는 대어도 먹는 뒤는 안 댄다.
  ▶가난한 사람을 계속 먹여 살리기는 어렵다.

★ 논두렁에 구멍 뚫기다.
  ▶매우 심술이 사나운 행동을 이르는 말이다.

★ 농사꾼이 굶어 죽어도 종자는 베고 죽는다.
  ▶농사꾼은 씨앗을 매우 소중히 여긴다.
   어리석은 사람을 빗대어 이르는 말이다.

★ 높은 가지가 부러지기 쉽다.
  ▶모나게 굴면 당연히 남의 미움을 받게 된다.
   너무 뛰어난 사람은 남에게 미움을 산다.

★ 놓친 고기가 더 크다.
  ▶잃어버린 것을 더 좋았다고 생각하게 된다.

★ 누운 소타기다.
  ▶하기가 아주 간단하고 쉬운 일이라는 말.

★ 누울 자리 봐 가며 발 뻗는다.
▶무슨 일을 하는데 있어서 그 형편을 잘 생각해가면서 해야 한다.

★ 누워 떡 먹기다.
▶하기가 아주 쉽고 간단한 일

★ 누운 나무에 열매 안 연다.
▶사람이 누워만 있으면 아무것도 되는 일이 없으므로 부지런히 움직이고 일을 해야 성공할 수 있다는 뜻이다.

★ 누워서 침 뱉기다.
▶남을 해하려고 한 짓이 오히려 자기에게 미침을 이르는 말이다.

★ 누이 믿고 장가 안 간다.
▶도저히 불가능한 일을 바라고 다른 방책을 세우지 아니한다.

★ 누이 좋고 매부 좋다.
▶둘 다에게 서로 좋다.

★ 눈 가리고 아웅(한다).
▶무슨 일을 남이 다 알고 있는데도 불구하고 얕은 수단으로 속이려 한다는 뜻이다.

★ 눈 뜨고 도둑맞는다.
▶알면서도 할 수 없이 당하다.

★ 눈 먼 놈이 앞장선다.
▶못난 사람이 껍적거리고 남보다 먼저 나선다.

★ 눈 먼 소경더러 눈멀었다 하면 성낸다.
▶누구든지 제 잘못이나 결점을 남이 말하는 것을 싫어한다.

★ 눈먼 자식이 효자 노릇한다.
▶보통 때는 남보다 못하다고 무시되던 사람이 뜻밖에 도움이 된다는 뜻이다.

★ 눈에 가시라.
▶어떤 사람이 몹시 얄밉고 보기 싫다는 뜻이다.

★ 눈을 떠야 별을 본다.
▶어떤 결과를 얻으려면 실제로 그에 상당한 일을 해야 한다.

★ 눈치가 빠르면 절에 가서도 새우젓을 얻어 먹는다.
▶눈치가 빠르면 어디를 가도 군색하지 않다. 또는 사람이 영리하고 수단이 있으면 남다른 이익을 차지할 수 있다는 말이다.

★ 눈치코치 모른다.
▶남이 싫어하는지 미워하는지를 모른다.

★ 눈 코 뜰 새 없다.
> ▶한눈팔 사이도 없이 몹시 바쁘다.

★ 느린 소도 성낼 적이 있다.
> ▶성미가 느리고 순한 사람도 성내면 무섭다.

★ 느릿느릿 걸어도 황소걸음이다.
> ▶보기에는 느린 것 같지만 꾸준하여 실속이 있다.

★ 늙으면 아이 된다.
> ▶노년기에 들면 마음이나 행동이 어린 아이 같다.

★ 늙은 소 흥정하듯.
> ▶하는 일을 빨리 끝내지 않고 질질 끈다.

★ 늙은이도 세 살 먹은 아이 말을 귀담아 들어라.
> ▶철없는 어린 아이의 말도 취할 점이 있다

★ 능구렁이가 되었다.
> ▶경우를 다 알면서도 겉으로는 모르는 체할 만큼 세상일에 익숙해졌다.

★ 늦게 배운 도둑이 날 새는 줄 모른다.
> ▶늦게 시작한 일에 매우 흥미를 느끼고 골몰한다는 뜻이다.

스도쿠 초급편

★ 총 81칸으로 이루어진 스도쿠를 각각 9칸으로 나누어 그 9칸에서 칸칸마다 1~9를 넣으면 된답니다.

	6		5		4			8
	1		9			2		
7	8			3		6		5
	2			6		5		1
		8		2	9	3		
9		1		4			2	
8		7		1			5	9
		5			7		6	
1			4		3		8	

		3	5			1	8	
		4		6	2			9
	7	5		1			6	
		2			4	6		3
	3			5			4	
7		1	9		6	2		
	5			9		7	1	
3			4	2		8		
	1	9			5	3		

*스도쿠 초급편 답안지

3	6	2	5	7	4	9	1	8
5	1	4	9	8	6	2	3	7
7	8	9	2	3	1	6	4	5
4	2	3	7	6	8	5	9	1
6	5	8	1	2	9	3	7	4
9	7	1	3	4	5	8	2	6
8	3	7	6	1	2	4	5	9
2	4	5	8	9	7	1	6	3
1	9	6	4	5	3	7	8	2

6	2	3	5	4	9	1	8	7
1	8	4	7	6	2	5	3	9
9	7	5	3	1	8	4	6	2
5	9	2	1	8	4	6	7	3
8	3	6	2	5	7	9	4	1
7	4	1	9	3	6	2	5	8
2	5	8	6	9	3	7	1	4
3	6	7	4	2	1	8	9	5
4	1	9	8	7	5	3	2	6

ㄷ으로 시작하는 우리나라 속담

★ **다 가도 문턱 못 넘긴다.**
▶끝맺음을 못하여 헛수고했다.

★ **다 된 농사에 낫 들고 덤빈다.**
▶일이 끝난 뒤에 쓸데없이 문제를 들고 나온다.

★ **다 된 죽에 코 빠졌다.**
▶다 된 일을 망쳐 놓았다.

★ **다람쥐 쳇바퀴 돌 듯.**
▶쉴 새 없이 반복은 하지만 결말이 나지 않는다.

★ **다 먹은 죽에 코 빠졌다 한다.**
▶처음에는 말이 없다가 배부르면 탈을 잡는다.

★ 다 팔아도 내 땅이다.
▶어떻게 하든 결국 자기 몫이 된다.

★ 단단한 땅에 물이 괸다.
▶아껴쓰는 사람에게 재산이 모인다.

★ 단 맛 쓴 맛 다 보았다.
▶세상살이의 즐거움과 괴로움을 모두 겪었다.

★ 닫는 말에 채찍질한다고 경상도까지 하루에 갈 것인가.
▶부지런히 하고 있는 일을 더 잘하라고 무리하게 재촉한다고 일이 이루어지는 것은 아니다.

★ 달걀 섬 다루듯 한다.
▶조심조심 물건을 다룬다.

★ 달도 차면 기운다.
▶ 모든 것이 한 번 번성하고 가득차면 다시 쇠퇴한다.

★ 달면 삼키고 쓰면 뱉는다.
▶ 자기에게 이로우면 이용하고 그렇지 않으면 배척한다. 세상인심의 야박함을 나타내는 말이다.

★ 달무리한 지 사흘이면 비가 온다.
▶ 달무리가 지면 비가 올 징조다.

★ 달밤에 삿갓 쓰고 나온다.
▶ 미운 사람이 미운 짓만 한다.

★ 달 보고 짖는 개.
▶ 남의 언행을 의심해서 소동하는 어리석은 사람을 비유적으로 나타낸 말이다.

★ 닭 벼슬이 될망정 쇠꼬리는 되지 말라.
▶ 보잘것없는 데서라도 남의 우두머리가 되는 것이 더 낫다.

★ 닭 소 보듯, 소 닭 보듯.
▶상대에게 관심을 갖지 않고 바라보기만 한다.

★ 닭의 새끼 봉이 되랴.
▶타고난 성품은 어떻게 해도 고칠 수 없다.

★ 닭 잡아먹고 오리발 내어 놓는다.
▶자신이 저지른 나쁜 일이 드러나게 되자 엉뚱한 수단으로 남을 속이려 한다는 말.

★ 닭 쫓던 개 지붕만 쳐다본다.
▶애써 이루려던 일이 실패로 돌아가 어이없이 된 것을 이르는 말이다.

★ 당나귀 찬 물 건너가듯.
▶글을 막힘없이 읽는다.

★ 당나귀 하품한다고 한다.
▶당나귀가 소리쳐 우는 것을 그 입 벌린 것만 보고 하품한다고 할 정도로 몹시 귀가 먹었다는 뜻이다.

★ 대를 살리고 소를 죽이다.
▶부득이한 경우 큰 것을 위해 작은 것을 희생시키다.

★ 대문 밖이 저승이라.
▶사람은 언제 죽을지 모른다.

★ 대문이 가문이다.
▶세도가 없는 집도 대문이나 집채가 크면 훌륭한 집처럼 보인다.

★ 대천 바다도 건너 봐야 안다.
▶일이고 사람이고 실제로 겪어봐야 그 참모습을 알 수 있다.

★ 대추나무에 연 걸리듯.
▶여기저기에 빚이 많음의 비유적으로 나타낸 말이다.

★ 대추씨 같다.
▶키는 작으나 야무지고 단단한 사람

★ 대한이 소한 집에 왔다가 얼어 죽었다.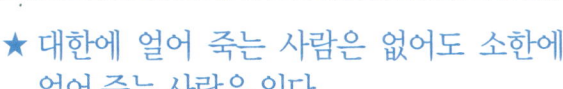
▶소한 추위가 그만큼 매섭다는 말이다.

★ 대한에 얼어 죽는 사람은 없어도 소한에 얼어 죽는 사람은 있다.
▶소한 추위가 그만큼 매섭다는 말이다.

★ 더도 말고 덜도 말고 늘 가윗날만 같아라.
▶항상 가윗날처럼 잘 먹고 잘 입고 잘 놀고 살기를 바라는 말이다.

★ 더운죽에 혀 데기다.
▶대단치 않은 일에 낭패를 보아 쩔쩔맨다.

★ 더위 먹은 소 달만 보아도 헐떡인다.
▶무엇에 한 번 혼나면 그와 비슷한 것만 봐도 겁을 낸다.

★ 덤불이 커야 도깨비가 난다.
▶무슨 일이나 조건이 갖추어져야 성사 된다

★ 도깨비 달밤에 춤추듯.
▶싱겁게 거드럭거리는 멋없는 꼴을 두고 하는 말이다.

★ 도깨비는 방망이로 떼고, 귀신은 경으로 뗀다.
▶어떤 것을 해결하는 데는 거기에 맞는 나름대로의 방법이 있다.

★ 도끼로 제 발등 찍는다.
▶남을 칠 요량으로 한 짓이 결국은 자기를 친 결과가 되었다.

★ 도끼 자루 썩는 줄 모른다.
▶시간 가는 줄 모른다.

★ 도둑고양이더러 제물 지켜 달라 한다.
▶해를 끼칠 사람에게 중요한 일을 맡기다.

★ 도둑이 없으면 법도 쓸데가 없다.
▶나쁜 사람만 없다면 법이 없어도 된다는 말.

★ 도토리 키 재기다.
▶정도가 고만고만한 사람끼리 서로 다툼을 이르는 말.

★ 도둑놈 문 열어 준 셈이다.
▶스스로 화를 끌어들인 셈이다.

★ 도둑놈에게 열쇠 맡긴 셈이다.
▶나쁜 사람에게 직접 나쁜 짓을 할 수 있는 기회를 만들어준 셈이다.

★ 도둑을 맞으려면 개도 안 짖는다.
▶운수가 나쁘면 모든 것이 제대로 되지 않는다.

★ 도둑이 제 발 저리다.
▶죄를 지으면 탄로날까봐 마음이 조마조마하다.

★ 도둑질은 내가하고 오라는 네가 져라.
▶좋지 못한 결과는 남에게 돌려 책임을 지게 한다.

★ 도둑질을 하다 들켜도 발명을 한다.
▶나쁜 일을 하다가 탄로되어도 변명하는 것을 비웃는 말이다.

★ 도둑질을 해도 손발이 맞아야 한다.
▶무슨 일을 하든지 서로 뜻이 맞아야 이루기 쉽다.

★ 도랑 치고 가재 잡는다.
▶한 번의 노력으로 두 가지 소득을 본다는 말.(일거양득)

★ 도마에 오른 고기다.
> ▶어찌할 수 없는 막다른 처지를 비유하는 말이다.

★ 도포 입고 논 갈아도 제 멋이다.
> ▶격에 맞지 않아도 저 하고 싶은 대로 하는 짓이니 내버려두라는 뜻이다.

★ 독안에 든 쥐다.
> ▶아무리 애를 써도 벗어날 수 없는 처지를 비유하는 말이다.

★ 독 안에서 소리치기다.
> ▶남이 보이지 않는 곳에서나 큰소리치고 잘난체한다는 말이다.

★ 돈만 있으면 귀신도 부린다.
> ▶돈이 있으면 세상에 못할 일이 없다.

★ 돈이 양반이다.
> ▶아무리 못난 사람이라도 돈만 있으면 행세를 할 수 있다는 말이다.

★ 돈 빌려주면 돈도 잃고 친구도 잃는다.
> ▶친한 사이에 돈을 빌렸다가 갚지 못하면 미안해서 친구에게 가지 못하게 되니 친구까지 잃게 된다.

★ 돈에 침 뱉는 놈 없다.
> ▶누구나 돈은 좋아한다.

★ 돈 마다하는 놈 못 봤다.
> ▶누구나 돈은 좋아한다.

★ 돌다리도 두들겨 보고 건너라.
> ▶잘 아는 일이라도 조심하라는 뜻이다.

★ 돌도 십 년을 보고 있으면 구멍이 뚫린다.
> ▶꾸준히 노력하면 안 되는 일이 없다.

★ 돌부리를 차면 발부리만 아프다.
  ▶별것도 아닌 일에 쓸데없이 화를 내면 저만 해롭다는 말이다.

★ 동냥아치가 동냥아치 꺼린다.
  ▶자기가 부탁하는 일과 같은 내용을 다른 사람이 하면 제 일이 안 될까봐 꺼린다.

★ 동냥자루도 마주 벌려야 들어간다.
  ▶보잘것없는 작은 일이라도 서로 협조해야 일이 쉽다.

★ 동네북이다.
  ▶여러 사람이 달려들어 함부로 친다.

★ 동무 사나워 뺨 맞는다.
  ▶나쁜 친구를 사귀면 그 친구 때문에 억울하게 봉변을 당한다.

★ 동여맨 놈이 푼다.
▶일을 시작한 사람이 끝을 맺게 마련이다.

★ 동지 때 개 딸기다.
▶철이 지나 도저히 구할 수 없는 것을 바란다는 뜻이다.

★ 되로 주고 말로 받는다.
▶남을 조금 건드렸다가 큰 되갚음을 당한다.

★ 되면 더 되고 싶다.
▶지위가 높아지면 그에 만족하지 않고 더 잘되고 싶다. 사람의 욕심은 끝이 없다.

★ 될성부른 나무는 떡잎부터 알아본다.
▶앞으로 크게 될 사람이나 잘 될 일은 처음부터 장래성이 엿보인다.

★ 두 다리 쭉 뻗는다.
  ▶아무 것도 염려하지 않고 편히 지낸다.

★ 두부 먹다 이 빠진다.
  ▶마음 놓은 데서 실수가 생기는 것이니 항상 조심하라는 뜻이다.

★ 두 손뼉이 맞아야 소리가 난다.
  ▶서로 손이 맞아야 일을 할 수 있다.
  또는 맞서는 이가 없으면 싸움이 되지 않는다.

★ 둘러치나 메어치나 일반이다.
  ▶이렇게 하나 저렇게 하나 결과는 마찬가지다.

★ 둘이 먹다가 하나가 죽어도 모르겠다.
  ▶음식이 아주 맛있음을 이르는 말

★ 뒤로 오는 호랑이는 속여도 앞으로 오는 팔자는 못 속인다.
▶사람의 운명은 마음대로 할 수 없음을 이르는 말

★ 뒤에 난 뿔이 우뚝하다.
▶나중 생긴 것이나 또는 나중에 시작한 것이 도리어 먼저 것보다도 훨씬 나을 때 이르는 말이다.

★ 뒷간과 사돈집은 멀어야 한다.
▶뒷간은 가까우면 냄새가 나고, 사돈집이 가까우면 말썽이 일기 쉬우므로 멀리 떨어져 있는 것이 좋다.

★ 뒷간에 갈 적 맘 다르고 올 적 맘 다르다.
▶제가 긴할 때는 다급하게 굴다가, 제 할 일을 다 하고 나면 마음이 변하여 처음과 달라짐을 이르는 말

★ 뒷구멍으로 호박씨(수박씨) 깐다.
▶겉으로는 어리석은 체하면서 속으로는 의뭉스런 짓(시치미)을 한다.

★ 드는 정은 몰라도 나는 정은 안다.
  ▶정이 들 때에는 드는 줄 모르게 들어도, 정이 식어서 싫어질 때에는 뚜렷이 알 수 있다.

★ 드문드문 걸어도 황소걸음이다.
  ▶보기에는 느린 것 같지만 꾸준하고 믿음직스럽게 하나를 해도 실속 있게 함을 이르는 말이다.

★ 듣기 좋은 노래도 장 들으면 싫다.
  ▶아무리 좋은 말이라도 여러 번 들으면 싫어진다.

★ 들어서 죽 쑨 놈 나가서도 죽 쑨다.
  ▶집에서 하던 버릇은 딴 곳에 가서도 버리지 못한다. 또는 집에서 늘 일만 하던 사람은 딴 곳에 가서도 일반 하게 된다.

★ 들으면 병이요, 안 들으면 약이다.
  ▶들어서 근심될 일이라면 차라리 아니 듣는 만 못하다.

★ 들 적 며느리 날 적 송아지이다.
▶태어날 때 송아지는 일할 운명을 타고 났듯이, 며느리는 일만 하고 산다.

★ 등 따시면 배부르다.
▶추운 날 따듯한 방에 누워 있으면 먹지 않아도 배고픈 줄 모른다.

★ 등잔 밑이 어둡다.
▶너무 가까이 있는 것이나 가까이에서 일어나는 일은 먼 데 일보다 오히려 모른다.

★ 딸자식은 도둑년이다.
▶딸은 시집간 뒤에도 자주 친정 재물을 가져간다는 말이다.

★ **딸은 제 딸이 고와 보이고, 곡식은 남의 곡식이 탐스러워 보인다.**
  ▶자기 자식이 남의 자식보다 나아 보이고, 남의 물건이 자기 물건보다 나아 보인다.

★ **땅 넓은 줄은 모르고 하늘 높은 줄만 안다.**
  ▶키만 크고 마른 사람을 놀릴 때 이르는 말.

★ **땅 짚고 헤엄치기다.**
  ▶일이 매우 쉽다는 뜻이다.

★ **때리는 시늉하면 우는 시늉을 한다.**
  ▶서로 손이 잘 맞는다는 뜻

★ **때리는 시어미보다 말리는 시누이가 더 밉다.**
  ▶정면으로 나무라거나 욕하는 사람보다 겉으로는 위해 주는 체하면서 뒤로 다니면서 해하거나 헐뜯는 사람이 더 밉다.

★ 때린 놈은 다릴 못 뻗고 자도 맞은 놈은 다릴 뻗고 잔다.
  ▶남에게 해를 입힌 사람은 마음이 불안하나 해를 입은 사람은 오히려 마음이 편하다.

★ 떠들기는 천안 삼거리라.
  ▶늘 끊이지 않고 떠들썩한 곳을 비유하는 말.

★ 떡 본 김에 제사 지낸다.
  ▶우연히 온 좋은 기회에 생각하던 일을 해 치운다.

★ 떡 줄 놈은 생각도 않는데 김칫국부터 마신다.
  ▶해 줄 사람은 생각지도 않는데, 일이 다 된 것처럼 여기고 미리부터 날침을 이르는 말이다.

★ 똥구멍으로 수박씨(호박씨) 깐다.
▶겉으로는 어리석은 체하면서 속으로는 의뭉스런 짓을 한다.

★ 똥구멍이 찢어지게 가난하다.
▶몹시 가난하다.

★ 똥 누고 밑 안 씻은 것 같다.
▶뒤끝을 확실히 맺지 못하여 꺼림칙하다.

★ 똥 누러 갈 적 마음 다르고 올 적 마음 다르다.
▶일이 자기에게 아주 요긴할 때에는 다급하게 서두르다가, 그 일을 무사히 다 마친 뒤에는 긴한 마음이 없어진다. 곧 사람의 마음이 매우 간사하다는 뜻이다.

★ 똥 묻은 개가 겨 묻은 개 나무란다.
▶제게는 큰 흉이 있는 사람이 남의 허물을 들어 시비한다.

★ 똥 싼 놈이 성낸다.
▶제가 잘못하여 놓고 도리어 남에게 성내는 것을 가리키는 말이다.

★ 똥 싼 주제에 매화타령 한다.
▶잘못하고도 부끄러운 줄 모르고 비위 좋은 짓을 하다.

★ 똥이 무서워 피하나, 더러워서 피하지.
▶악하거나 같잖은 사람을 상대하지 않는 것은 그가 무서워서가 아니라 상대할 대상이 못되기 때문에 피하는 것이라는 뜻이다.

★ 똥 중에 고양이 똥이 제일 구리다.
▶고양이 같은 간교한 성격의 인물이 제일 고약하다.

★ 뚝배기보다 장맛이 좋다.
▶겉으로 보기에는 보잘것없으나 내용은 훨씬 나음을 이르는 말이다.

★ 뛰도 걷도 못하다.
▶이렇게도 저렇게도 못하는 난처한 처지에 빠지다.

★ 뛰는 놈 위에 나는 놈 있다.
▶잘난 체해도 그보다 더 나은 사람이 많으니 자만심을 갖지 말라는 뜻이다.

★ 뜬쇠도 달면 어렵다.
▶성질이 부드럽고 순한 사람도 한번 성이나면 무섭다.

★ 뜨물 먹고 주정한다.
▶공연히 취한 체하고 건성으로 주정을 부리다.

★ 띄엄띄엄 걸어도 황소걸음이다.
▶보기에는 느린 것 같지만 꾸준하고 믿음직스럽게 하나를 해도 실속 있게 함을 이르는 말이다.

 개미네 집 주소는?

 얼음이 죽으면?

 우유를 여섯 글자로 늘리면?

 세상에서 가장 뜨거운 과일은?

 배의 구명보드에는 몇 명이 탈 수 있을까요?

서울 시민 모두가 동시에 외우면 무슨 말이 될까?

 고기 먹을 때 따라오는 개는?

 사람의 몸무게가 제일 많이 나갈 때는?

 양초가 들어있는 상자가 꽉 차있을 때 하는 말은?

 중학생과 고등학생이 타는 차는?

정답) ❶ 서울말 ❷ 가지가지 하는구나 ❸ 이쑤시개 ❹ 성낼 때 ❺ 양초가있으니(양초가득) ❻ 학생차 ❼ 이쑤시개 ❽ 화낼 때 ❾ 초만원 ❿ 통학차

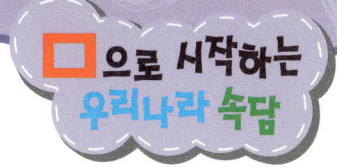

★ 마룻구멍에도 볕들 날이 있다.
  ▶불행하고 어려운 사람이라도 행운이 찾아올 날이 있다.

★ 마른 나무에 꽃이 피랴.
  ▶이미 가망이 없는 일에 희망을 걸고 있을 필요가 없다.

★ 마른 나무에 좀 먹듯.
  ▶모르는 사이에 몸이 시들시들 약해지거나 또는 재산이 줄어들다.

★ 마른하늘에 생벼락(벼락 맞는다)이다.
  ▶뜻밖에 입는 큰 재앙을 이르는 말이다.

★ 마소의 새끼는 시골로, 사람의 새끼는 서울로.
▶사람은 도회지에서 자라고 배워야 견문도 넓어지고 잘 될 수 있다.

★ 마음 없는 염불이다.
▶뜻에 없는 일을 마지못해 함을 이르는 말이다.

★ 마음이 화합하면 부처도 곤다.
▶여러 사람이 서로 의논이 맞고 뜻이 맞으면 어떤 어려운 일이라도 능히 해낼 수 있다.

★ 마음은 굴뚝같다.
▶마음속으로는 하고 싶은 생각이 간절하다.

★ 마음 한번 잘 먹으면 북두칠성이 굽어보신다.
  ▶마음을 바르게 쓰면 신명이 보호하여 일이 잘 이루어진다. 즉 사람이란 언제나 착한 마음을 가져야 한다.

★ 마음이 있어야 꿈도 꾸지.
  ▶생각이 없으면 아무것도 이루어지지 않는다.

★ 마파람에 게 눈 감추듯.
  ▶음식을 썩 빨리 먹어 버림의 비유한 말이다.

★ 막내둥이 응석 받듯.
  ▶어떠한 말썽을 부려도 탓하지 않고 하는 대로 그냥 질 빌아줌을 이르는 말.

★ 막내자식을 낳고 큰소리치랬다.
  ▶무슨 일이나 마무리를 끝낸 다음에 큰소리를 하라는 뜻.

★ 막둥이 소 팔러 보낸 것 같다.
▶미덥지 못하여 매우 불안하다.

★ 만나자 이별한다.
▶밥을 잘 먹다가 막술에 목이 멘다는 뜻으로 일이 제대로 잘 되다가 마지막 단계에 이르러 탈이 생김의 비유적인 말이다.

★ 만 리 길도 한 걸음으로 시작된다.
▶아무리 큰일이라도 처음에는 조그마한 일에서 시작된다.

★ 만만한 데 말뚝 박는다.
▶힘이나 세력이 없는 사람을 업신여기고 심하게 구박한다.

★ 말 갈 데 소 간다(말 가는 데 소도 간다).
▶다소의 차이는 있을망정 남이 할 수 있는 일이라면 노력 여하에 따라 아무나 할 수 있다.

★ 말만 귀양 보낸다.
▶말을 해도 상대방의 반응이 없으므로, 겨우 한 말이 아무 소용없이 됨을 이르는 말이다.

★ 말 많은 집은 장맛도 쓰다.
▶말 많은 집안은 살림이 잘 안 된다는 말.

★ 말 속에 말 들었다.
▶말 속에 다른 뜻이 들어 있다.(언중유골)

★ 말은 해야 맛이고 고기는 씹어야 맛이라.
▶해야 할 말은 해야만 한다. 또는 말은 하는데 묘미가 있고, 고기는 씹는데 참맛이 있다.

★ 말이란 아 해 다르고 어 해 다르다.
▶말이란 같은 내용이라도 표현하는데 따라서 듣는 맛이 아주 다르다.

★ 말이 많으면 쓸 말이 적다.
▶공연히 말을 많이 하면 실속 있는 말이 적다.

★ 말이 말을 만든다.
▶말은 전해질수록 보태어져 과장된다.

★ 말 한마디에 천 냥 빚도 갚는다.
▶말할 때에는 언제나 애써 주의해서 해야 된다는 말. 처세하는 데 언변이 중요하다는 말.

★ 말은 할수록 늘고 되질은 할수록 준다.
▶말은 전할 때마다 늘어난다.

★ 말 안하면 귀신도 모른다.
▶무슨 일이든 말로 표현해야 상대방이 안다.

★ 맑은 물에 고기 안 논다.
▶사람이 너무 깔끔하고 청렴하면 재물이 따르지 않는다.

★ 맛없는 국이 뜨겁기만 하다.
　▶사람답지 못한 자가 교만하고 까다롭게 군다.

★ 맛있는 음식도 늘 먹으면 싫다.
　▶아무리 좋은 일이라도 되풀이하면 싫증이 난다.

★ 망둥이가 뛰니까 전라도 빗자루도 뛴다.
　▶남이 뛰며 좋아하니까 공연히 덩달아 날뛴다.

★ 맞기 싫은 매는 맞아도, 먹기 싫은 음식은 못 먹는다.
　▶음식이란 먹기 싫으면 도무지 먹히지 않는다.

★ 맞은 놈은 펴고 자고 때린 놈은 오그리고 잔다.
　▶남에게 해를 입힌 사람은 마음이 불안하나 해를 입은 사람은 오히려 마음이 편하다.

★ 매 끝에 정이 든다.
▶매를 맞거나 꾸지람을 들은 뒤에 사이가 더 가까워진다.

★ 매도 먼저 맞는 놈이 낫다.
▶이왕 당해야 할 일이라면 먼저 겪는 것이 낫다.

★ 매 위에 장사없다.
▶매질을 하는 데야 굴복하지 않을 사람이 없다.

★ 머리털을 베어 신을 삼겠다.
▶반드시 은혜를 갚는다.

★ 먹는 개도 아니 때린다.
▶음식을 먹는 사람을 때리거나 꾸짖지 말라는 뜻이다.

★ 먼 사촌보다 가까운 이웃이 낫다.
▶멀리 떨어져 있는 일가보다 오히려 가까운 이웃에 살고 있는 사람이 더 낫다.

★ 먼저 꼬리 친 개, 나중 먹는다.
▶무슨 일이나 먼저 서두르고 나서면 도리어 남보다 뒤지는 수가 있다.

★ 멀면 정도 멀어 진다.
▶친한 사이라도 멀리 떨어져 살면 접촉할 기회가 적어서 정도 멀어지게 된다.

★ 메고 나면 상두꾼 들고 나면 초롱꾼이다.
▶굳은일이나 천한 일을 하더라도 부끄럽거나 낮깎이는 일이 아니다. 또는 그런 일을 하는 사람이 따로 있는 것이 아니다.

★ 멧돼지 잡으러 갔다가 집돼지 잃었다.
  ▶너무 욕심을 부리다가 지금 가지고 있는 것까지 잃어버린다.

★ 며느리 늙어 시어미 된다.
  ▶시어미에게 단련 받은 며느리가 시어미가 되면 자기의 며느리 적 일은 생각하지 않고, 자기의 시어미가 하던 식을 그대로 되풀이한다.

★ 며느리 사랑은 시아버지, 사위 사랑은 장모다.
  ▶흔히 며느리는 시아버지에게 귀염을 받고, 사위는 장모가 더 사랑한다.

★ 모기도 낯짝이 있지.
  ▶염치없고 뻔뻔스럽다.

★ 모난 돌이 정 맞는다.
> ▶모나게 굴면 당연히 남의 미움을 받게 된다. 너무 뛰어난 사람은 남에게 미움을 산다.

★ 모래 위에 물 쏟는 격이다.
> ▶아무 소용이 없는 일을 함을 이르는 말이다.

★ 모로 가도 서울만 가면 된다.
> ▶방법이야 어떻든 목적만 달성하면 된다.

★ 모르면 약이요, 아는 것이 병이다.
> ▶전혀 모르면 차라리 마음이 편한데 조금 알고 있어 걱정거리가 된다.

★ 목구멍이 포도청이다.
> ▶먹고 살기 위하여 하지 못할 일까지도 하게 된다.

★ 목구멍에 풀칠한다.
> ▶굶지 않고 겨우 먹고 산다.

★ 목마른 놈이 우물 판다.
▶ 급하고 절실한 사람이 그 일을 먼저 서둘러 한다.

★ 목수 많은 집이 기울어진다.
▶ 의견이 너무 많으면 도리어 일이 잘 안 된다.

★ 못된 송아지 엉덩이에 뿔 난다.
▶ 못난 사람이 말썽만 피우고 남의 말을 잘 듣지 않음을 이르는 말이다.

★ 못 먹는 감 찔러나 본다.
▶ 일이 제게 불리할 때에 심술만 부려 훼방하다.

★ 못 입어 잘난 놈 없고, 잘 입어 못난 놈 없다.
▶ 옷차림이 중요하다.

★ 몽둥이 들고 포도청 담에 오른다.
▶ 제가 지은 죄를 숨기려고 남보다 먼저 나서서 떠든다.

★ 무른 감도 쉬어 가면서 먹어라.
▶하기 쉽고 틀림없을 일이라도 잘 알아보고 조심해서 차근차근 해야 한다.

★ 무소식이 희소식이다.
▶소식이 없는 것은 사고나 실패가 없다는 증거이므로 오히려 희소식이다.

★ 무쇠도 갈면 바늘 된다.
▶꾸준히 노력하면 아무리 어려운 일이라도 이룰 수 있다.

★ 무자식 상팔자다.
▶자식이 없으면 마음 상할 걱정이 없어 오히려 편하다.

★ 문 바른 집은 써도 입 바른 집은 못 쓴다.
▶입바른 말을 잘하는 사람은 시비를 너무 가려서 남의 원망을 사게 된다.

★ 문턱이 닳도록 드나든다.
  ▶ 매우 자주 드나든다.

★ 문턱 밑이 저승이라.
  ▶ 사람은 언제 죽을지 모른다.

★ 문틈 바람이 황소바람이다.
  ▶ 추울 때는 작은 구멍으로 들어오는 바람도 몹시 차다.

★ 물건을 모르거든 금보고 사라.
  ▶ 값이 그 물건의 품질을 나타낸다.
    또는 좋은 물건을 사려면 비싼 것을 사야 틀림없다.

★ 물에 물 탄 듯 술에 술 탄 듯.
  ▶ 말이나 행동이 분명하지 않다.

★ 물에 빠진 놈 건져 놓으니까 내 봇짐 내라 한다.
  ▶은혜를 입고도 고마움을 모르고 도리어 생트집을 잡는다.

★ 물이 깊어야 고기가 모인다.
  ▶덕망이 있어야 사람이 따른다.

★ 물이 깊을수록 소리가 없다.
  ▶덕이 높고 생각이 깊은 사람은 겉으로 떠벌이고 잘난 체하거나 뽐내지 않는다.

★ 물이 너무 맑으면 고기가 안 모인다(산다).
  ▶사람이 지나치게 결백하면 남이 따르지 않는다.

★ 물에 빠진 생쥐다.
  ▶물에 흠뻑 젖어 몰골이 초췌한 모양을 일컫는 말이다.

★ 물에 빠져도 정신을 차려야 산다.
> ▶아무리 어려운 지경에 처하더라도 정신을 차리고 용기를 내면 살아나올 방도가 있다.

★ 물러도 준치, 썩어도 생치다.
> ▶값어치가 있는 물건은 망가져도 어느 정도 본디의 가치가 있다.

★ 물은 트는 대로 흐른다.
> ▶사람은 가르치는 대로 교화되고, 일은 사람이 주선하는 대로 된다.

★ 물에 빠져도 주머니밖에 뜰 것 없다.
> ▶몹시 가난하거나 돈이 한 푼도 없는 처지를 말한다.

★ 미꾸라지 용 됐다.
> ▶변변치 못하던 사람이 버젓하게 잘 되었다는 뜻으로 은근히 놀려대는 말이다.

★ 미꾸라지 한 마리가 온 웅덩이를 흐려 놓는다.
▶못된 사람 하나가 온 집안, 온 사회를 망쳐 놓는다.

★ 미운 놈(아이) 떡 하나 더 준다.
▶밉다고 멀리만 할 것이 아니라 미울수록 더 사랑하여야 미워하는 마음이 가신다.

★ 미운 자식 밥 많이 먹인다.
▶밉다고 멀리만 할 것이 아니라 미울수록 더 사랑하여야 미워하는 마음이 가신다.

★ 미친개가 호랑이 잡는다.
▶아무것도 돌아보지 않고 정신없이 날뛰면 위험한 일을 무서움 없이 해낼 수도 있다.

★ 미친년 널뛰듯.
▶멋도 모르고 미친 듯이 행동한다.

★ 미친개 눈엔 몽둥이만 보인다.
  ▶어떤 것에 한 번 경을 치고 난 다음에는, 무엇에나 겁을 집어먹는 사람을 비웃는 말이다.
  또는 한 가지 일에 열중하면 모든 것이 그것처럼 보인다.

★ 믿는 도끼에 발등 찍힌다.
  ▶믿고 있던 사람으로부터 배반을 당하여 해를 입다.

★ 밑 빠진 솥(가마)에 물 붓기다.
  ▶아무리 노력하고 애를 써도 보람이 없음을 이르는 말이다.

★ 밑도 끝도 없다.
  ▶앞뒤의 연관 없이 말을 불쑥 꺼내어 갑작스럽거나 갈피를 잡을 수 없다

★ 밑져야 본전이다.
  ▶어떤 일을 하다가 혹시 일이 잘못되더라도 손해 볼 것은 없다.

세상에 정말 이런 일이? 세계 5대 미스테리!

⭐1 1940년대 최신형 배가 버지니아 주에서 출항한 지 5시간 만에 통신이 끊겼다고 합니다. 그런데 그날 저녁 다른 곳에서 배가 나타났고, 새것이나 다름없었던 배가 완전히 낡은 모습이었다고 합니다. 뿐만 아니라 배에 탑승했던 승무원들은 모두 미라의 모습이었다고 하네요.

⭐2 브라질로 가던 항공기가 사라져 세계 각국에서 그 행방을 찾으려고 했으나 실패하고 맙니다. 그런데 35년 후 실종되었던 항공기가 포르투갈의 한 공항에 착륙해 있었고, 승객들은 뼈만 남은 채 탑승해 있었다고 합니다.

⭐3 버뮤다 삼각지대를 날던 수송기가 안에 타고 있던 승무원 43명과 함께 갑자기 사라지고 말았습니다. 그런데 이 수송기는 위의 사건들과는 달리 아직도 행방불명 상태라고 합니다.

⭐ 영국의 식민지에 속하던 로어노크 섬에 살던 115명이 모두 사라져버리는 사건이 있습니다. 도대체 이 사람들은 모두 어디로 간 것일까요?

⭐ 마지막으로 에스키모 마을의 주민들이 모두 사라지고 키우던 개들은 죽어있는 채로 발견된 사건이 있습니다. 수색대가 몇 달 동안 이들을 찾아 헤매었지만, 아무것도 발견하지 못했다고 합니다. 참으로 미스터리한 일입니다.

이상으로 세계 5대 미스터리였습니다.

ㅂ으로 시작하는 우리나라 속담

★ **바늘 가는 데 실 간다.**
▶밀접한 관계가 있는 것은 서로 따른다. 항상 따라다닌다.

★ **바늘구멍으로 황소바람 들어온다.**
▶추울 때는 작은 구멍으로 들어오는 바람도 몹시 차다.

★ **바늘 도둑이 소도둑 된다.**
▶작은 나쁜 짓도 자꾸 되풀이하게 되면 나중에는 큰일을 지지르게 된다.

★ **바늘로 찔러도 피 한 방울 안 난다.**
▶지독한 구두쇠나 성격이 치밀한 사람을 비유적으로 나타낸 말이다.

★ 바늘방석에 앉은 것 같다.
▶ 자리에 있기가 몹시 불편하다.

★ 바늘보다 실이 굵다.
▶ 작아야 할 것이 크고, 커야 할 것이 작다.

★ 바닷가 개는 호랑이 무서운 줄 모른다.
▶ 바닷가에 사는 개는 호랑이를 모르기 때문에 무서워 않는다.

★ 바쁘게 찧는 방아에도 손 놀 틈이 있다.
▶ 아무리 분주한 때라도 쉴 사이는 있다는 말이다.

★ 바위에 달걀 치기다.
▶ 아무리 해야 승산이 없는 부질없는 짓의 비유적으로 나타낸 말이다.

★ 바위를 차면 제 발부리만 아프다.
▶ 일시적 흥분을 참지 못하고 일을 저지르면 자기만 손해다.

★ 발 벗고 나선다.
▶남의 일을 위하여 적극적으로 애쓴다.

★ 발등에 불이 떨어졌다(붙었다).
▶일이 몹시 절박하게 닥쳐왔다.

★ 밤 말은 쥐가 듣고 낮말은 새가 듣는다.
▶말은 한번 하면 퍼지므로 조심해야 한다.

★ 밤 잔 원수 없고 날 샌 은혜 없다.
▶은혜나 원한은 시일이 지나면 쉽게 잊게 된다.

★ 밥 빌어다가 죽을 쑤어 먹을 놈이다.
▶성질이 느리고 게으르며 하는 짓이 어리석은 사람을 욕하는 말이다.

★ 밥 아니 먹어도 배부르다.
▶기쁜 일이 있어서 마음에 흡족하다.

★ 밥은 열 곳에 가 먹어도 잠은 한 곳에서 자랬다.
▶일은 가리지 않고 해도 잠자리는 일정해야 한다.

★ 방귀가 잦으면 똥이 나온다.
▶무슨 일에나 징조가 자주 보이면 결국 일이 일어난다.

★ 방귀 뀌고 성낸다.
▶제가 잘못하여 놓고 도리어 남에게 화낸다.

★ 방망이가 가벼우면 주름이 잡힌다.
▶일을 엄중히 다루지 않으면 부실한 곳이 생긴다.

★ 배고픈 놈더러 요기 시키란다.
▶자기의 구실도 제대로 못하는 사람에게 어려운 일을 요구한다.

★ 배가 남산만하다.
▶배가 몹시 부르다.

★ 배고픈 호랑이가 원님을 알랴.
  ▶가난하고 굶주리면 인사체면을 돌아볼 겨를이 없다.

★ 배워야 면장을 한다.
  ▶남보다 나은 자리에 서려면 배워야 한다.

★ 백옥이 진토에 묻힌다.
  ▶유능한 사람이 그 재능을 발휘할 길이 없이 파묻혀 지낸다.

★ 백지장도 맞들면 낫다(가볍다).
  ▶아무리 쉬운 일이라도 혼자 하는 것보다는 힘을 합쳐 하는 것이 더 쉽다.

★ 뱁새가 황새를 따라가려면 다리가 찢어진다(째진다).
  ▶남이 한다고 하여 제 힘이 겨운 일을 억지로 도리어 큰 화를 당하게 된다.

★ 번갯불에 콩 볶아 먹겠다.
▶성미가 급하여 무엇이든지 당장에 처리해 버림을 비유적으로 나타낸 말이다.

★ 뱃가죽이 땅 두께 같다.
▶염치없고 배짱 센 사람을 비웃어 하는 말이다.

★ 범 가는데 바람 간다.
▶항상 따라 다닌다.

★ 범나비 잡아먹은 듯.
▶음식 같은 것을 적게 먹어 양에 차지 않을 때에 사용하는 말이다.

★ 하룻강아지 범 무서운 줄 모른다.
▶철모르는 이가 두려운 것을 모르고 함부로 덤벼든다.

★ 범에게 물려가도 정신을 차려라.
▶ 아무리 위기에 처해도 정신을 차리면 살아날 길이 있다.

★ 범굴에 들어가야 범 새끼를 잡는다.
▶ 목적을 이루려면 위험을 무릅쓰고 노력해야 한다.

★ 법은 멀고 주먹은 가깝다.
▶ 나중이야 어찌되는 일의 옳고 그름을 따지기 전에 완력으로 해낸다.

★ 벗 따라 강남 간다.
▶ 꼭 요긴한 일이 있는 것이 아니나 벗을 따라서는 먼 길이라도 간다. 또는 하기 싫은 일이라도 남이 권하므로 마지못해 따라하게 된다.

★ 벙어리 냉가슴 앓듯.
▶ 남에게 차마 말을 못하고 마음속으로 혼자 애태우는 답답한 모양을 나타낸 말이다.

★ 벙어리 발등 앓는 소리냐.
  ▶책을 읽거나 노래 부르는 소리가 신통치 않음을 이르는 말이다.

★ 벼는 익을수록 고개를 숙인다.
  ▶벼는 익을수록 고개를 숙이듯이 훌륭한 사람일수록 교만하지 않고 겸손하다는 뜻.

★ 벼룩의 간을 내어 먹지.
  ▶하는 짓이 몹시 인색하고 야박하다는 말.

★ 벼슬은 높이고 뜻은 낮추어라.
  ▶지위가 높으면 겸손해야 한다.

★ 벽을 치면 대들보가 울린다.
  ▶먼말로 알리는 체만 하여도 곧 눈치를 채고 알아듣는다.

★ 병 주고 약 준다.
▶해를 끼치고 나서 어루만지거나 도와준다. 일이 안 되도록 방해하여 놓고 도와주는 체한다.

★ 보기 좋은 떡이 먹기도 좋다.
▶겉모양이 좋아야 내용도 좋다.

★ 보채는 아이 밥 한 술 더 준다.
▶무슨 일이나 가만히 있지 않고 조르는 사람에게는 더 잘해주게 된다.

★ 복날 개 패듯한다.
▶몹시 심하게 때림을 이르는 말이다.

★ 봄 사돈은 꿈에 보기도 무섭다.
▶대접하기 어려운 사돈을 농가에서 춘궁기에 맞게 되는 것을 꺼려 이르는 말

★ 봄눈 녹듯(슬듯) 한다.
▶무엇이 오래가지 아니하고 이내 스러져 없어진다. 또는 먹은 것이 쉬 소화되어 내린다.

★ 부모가 온 효자가 되어야 자식이 반 효자다.
▶부모의 행실이 좋아야 자식도 부모를 본받아 착하게 된다. 또는 윗사람이 잘해야 아랫사람도 잘한다.

★ 부모 속에는 부처가 들어있고, 자식 속에는 앙칼이 들어있다.
▶부모는 자식을 사랑하나, 자식은 불효할 뿐이다.

★ 부부 싸움은 칼로 물 베기다.
▶부부 싸움은 끝난 후 금세 화합한다.

★ 부자가 망해도 삼 년 간다.
▶부자는 망해도 얼마동안은 그럭저럭 살아갈 수 있다.

★ 부지런한 물방아는 얼 새도 없다.
▶무슨 일이고 쉬지 않고 부지런히 하면 성공한다. 또는 늘 활동하는 사람은 정체되지 않는다.

★ 부처님 공양 말고 배고픈 사람 밥 먹여라.
▶부처님에게 정성을 들여 복을 구하기보다 굶주린 사람을 도와주는 것이 참된 길이다.

★ 부처 위해 불공하나, 제 몸 위해 불공하지.
▶남을 위하여 하는 것 같지만 따지고 보면 사람이 하는 일은 결국은 자신을 위하는 것이다.

★ 북은 칠수록 소리가 난다.
▶못된 사람하고 다투면 도리어 자기의 손해만 커진다.

★ 불난 데 부채질 한다.
▶남이 하는 일을 점점 더 불행하게 되도록 방해하거나 성난 사람을 더욱 성나게 한다는 말.

★ 불 안 땐 굴뚝에 연기 날까.
  ▶무슨 소문이 있는 것은 반드시 그 원인이 있기 때문이다.

★ 불에 놀란 놈 부지깽이 보고 놀란다.
  ▶어떤 일에 한 번 혼나면 비슷한 것만 보아도 겁을 낸다.

★ 비단이 대단히 곱다 해도 말 같이 고운 것은 없다.
  ▶비단이 아무리 곱다 해도 아름다운 마음씨에서 우러나오는 말처럼 고운 것은 없다.

★ 비렁뱅이가 하늘을 불쌍타 한다.
  ▶쓸데없는 걱정을 한다.

★ 비는 장수 목 벨 수 없다.
  ▶잘못을 뉘우치고 빌면 아무리 큰 잘못도 용서하게 된다.

★ 비 맞은 장닭(수탉) 같다.
▶무엇이 추레하게 처져 늘어진 모양을 말한다. 또는 득의양양하던 사람이 풀이 죽어 맥없이 시무룩해짐을 이르는 말이다.

★ 비 온 뒤에 땅이 굳어진다.
▶시련을 겪고 나면, 도리어 먼저보다 더 든든해진다.

★ 빈 수레가 더 요란하다.
▶아는 것이 없고 교양이 부족한 사람이 더 아는 체하고 떠들어 댄다.

★ 비둘기는 자면서도 콩 생각만 한다.
▶매우 좋아하는 것이 있으면 자나 깨나 그것을 생각하게 된다.

★ 빚 주고 뺨 맞는다.
▶남에게 후하게 대접하고 오히려 욕을 당할 때 하는 말이다.

★ 빚진 죄인이라.
▶빚진 사람은 죄인이나 다름없이 된다.

★ 빛 좋은 개살구다.
▶겉은 좋으나 실속이 없는 물건이나 사람을 이르는 말이다.

★ 빠른 바람에 굳센 풀을 안다.
▶굳은 심지와 절개는 어떤 시련을 겪고 나서 더 뚜렷하게 나타난다.

★ 빼도 박도 못한다.
▶일이 몹시 난처하게 되어 계속할 수도 없고 중단할 수도 없다.

★ 빨리 더워지는 방이 쉬 식는다.
▶급히 일을 서두르면 그만큼 쉽게 포기한다.

★ 뽕도 따고 임도 보고.
▶두 가지 일을 동시에 이룬다.

재미있는 넌센스 퀴즈~!
지하철 역이름 풀이

 친구 따라 가는 역은?

 가장 싸게 지은 역은?

 역 3개가 함께 있는 역은?

 불장난하다 사고 친 역은?

 일이 산더미처럼 쌓인 역은?

 서울에서 가장 긴 전철역은?

 앞에 구정물이 흐르는 역은?

스포츠경기 때마다 바빠지는 역은?

 '양치기 소년'의 주인공이 사는 역은?

 길 잃어버린 아이들이 모여있는 역은?

 새벽부터 빈 물통 든 사람들이 몰려드는 역은?

 역내 화장실에 항상 뜨거운 물이 나오는 역은?

 학교 가기 싫어하는 애들이 가장 좋아하는 역은?

정답 ① 강남역 ② 도심역 ③ 공덕역 ④ 회현역 ⑤ 신촌역 ⑥ 응암역 ⑦ 강동구청역 ⑧ 중계역 ⑨ 미아역 ⑩ 미아역 ⑪ 약수역 ⑫ 온수역 ⑬ 방학역

ㅅ으로 시작하는 우리나라 속담

★ **사공이 많으면 배가 산으로 올라간다.**
▶일을 하는데 간섭하는 사람이 많으면 그 일이 제대로 되지 않고 도리어 실패로 돌아간다.

★ **사귀어야 절교하지.**
▶서로 관계가 없으면 의를 상하지도 않는다. 원인 없는 결과가 있을 수 없다.

★ **사나운 개 입 성할 날 없다.**
▶싸우기 좋아하는 사람은 상처가 아물 날이 없다.

★ **사돈네 남의 말한다.**
▶제 일을 놔두고 남의 일에 말참견한다.

★ 사돈집 잔치에 감 놓아라 배 놓아라 한다.
  ▶저와 아무 상관없는 남의 일에 간섭한다.

★ 사또 덕분에 나발 분다.
  ▶남의 덕에 좋은 대접을 받는다.

★ 사또 떠난 뒤에 나발 분다.
  ▶일이 끝난 다음의 소용없는 짓이라는 뜻이다.

★ 사람과 쪽박은 있는 대로 쓴다.
  ▶사람은 제각기 쓸모가 있다.

★ 사람은 누구나 저 잘난 맛에 산다.
  ▶사람은 누구나 자기가 남보다 잘났다는 자존심을 가지고 살아간다.

★ 사람은 죽으면 이름을 남기고 범은 죽으면 가죽을 남긴다.
  ▶사람은 살아서 좋은 일을 하여 후세에 명예로운 이름을 남겨야 한다.

★ 사람은 낳으면 서울로 보내고, 우마는 낳으면 상산에 두라.
  ▶사람은 큰 곳에서 자라야 견문도 넓어지고 잘될 수 있다.

★ 사람의 혀는 뼈가 없어도 사람의 뼈를 부순다.
  ▶말이란 무서운 힘을 가지고 있다.

★ 사람은 구하면 앙분을 하고, 짐승은 구하면 은혜를 한다.
  ▶사람은 은혜를 베풀면 원수로 이를 갚는 수가 있으니 조심하라는 뜻이다.

★ 사람은 잡기를 해 보아야 그 마음을 안다.
▶노름을 같이 해 보면 그 사람의 본성을 알 수 있다.

★ 사람은 헌 사람이 좋고, 옷은 새 옷이 좋다.

▶옷은 새 옷이 깨끗해서 좋으나, 사람은 오래 사귄 사람이 정이 두터우므로 좋다.

★ 사람이면 다 사람인가, 사람이라야 사람이지.
▶사람은 사람다운 일을 해야 참다운 사람이다.

★ 사랑은 내리사랑이다.
▶윗사람이 아랫사람 사랑하기는 예사이나, 아랫사람이 윗사람을 사랑하기는 어렵다.
또한 부모가 자식을 사랑하나 자식이 부모에게 효도하긴 어렵다.

★ 사위가 고우면 요강 분지를 쓴다.
▶사위는 처가에 가면 후한 대접을 받는다.

★ 사위는 백년손이라.
▶사위는 장인이나 장모에게 있어 푸대접할 수 없는 존재라는 뜻.

★ 사위 사랑은 장모, 며느리 사랑은 시아버지이다.
▶장모는 사위를 귀여워하고, 시아버지는 며느리를 귀여워하는 일반적 경향에서 나온 말이다.

★ 사자어금니같이 아낀다.
▶무척 아끼고 소중히 여긴다.

★ 사자 없는 산에 토끼가 대장 노릇한다.
▶자기보다 잘난 사람이 없는 곳에서 못난 사람이 내로라하고 잘난 체함을 비유하는 말이다.

★ 사정이 사촌보다 낫다.
▶사정만 잘 한다면 어지간한 일은 통할 수 있다는 뜻.

★ 사촌이 땅을 사면 배가 아프다.
▶남이 잘되는 것을 매우 시기한다는 말이다.

★ 사촌 집도 부엌부터 들여다본다.
▶사람은 욕심이 있어 아무리 친한 사이라도 주기만 바란다.

★ 사흘 굶어 도둑질 안 할 놈이 없다.
▶착한 사람이라도 몹시 가난하여 궁하게 되면 마음이 변해서 옳지 못한 짓을 하게 된다.

★ 산 넘어 산이다.
▶갈수록 어려움이 점점 더 심해진다.

★ 산보다 골이 더 크다.
▶무슨 일이 사리에 맞지 않다.

★ 산에 가야 범을 잡지.
▶뜻을 이룰 수 있는 방향으로 행동하여야만 성공할 수 있다.

★ 산이 높아야 골이 깊다.
▶사람이란 외형부터 커야 그 품은 포부도 크다.

★ 산이 커야 그늘이 크다.
▶사람이란 외형부터 커야 그 품은 포부도 크다.

★ 산돼지를 잡으려다가 집돼지까지 잃는다.
▶너무 욕심을 부리다가 지금 가지고 있는 것까지 잃어버린다.

★ 산개가 죽은 정승보다 낫다.
▶아무리 구차하게 살지라도 죽는 것보다는 사는 것이 낫다.

★ 산 사람 눈 빼 먹겠다.
  ▶인심이 몹시 야박하고 험악하다.

★ 산골 부자가 해변 개보다 못하다.
  ▶바닷가에서는 개도 고기를 먹을 수 있으나, 산골에는 고기가 귀하여 부잣집이라도 고기 먹기가 쉽지 않다.

★ 산 닭 주고 죽은 닭 바꾸기도 어렵다.
  ▶별것 아닌 것도 정작 필요해서 구하려고 나서면 구하기 어렵다.

★ 산 입에 거미줄 치랴.
  ▶살림이 아무리 옹색하다 하더라도 그럭저럭 먹고 살아갈 수 있다.

★ 산엘 가야 꿩을 잡고, 바다엘 가야 고길 잡는다.
  ▶일을 하려면 먼저 그 일의 목적지에 가야 일이 된다.

★ 산은 오를수록 높고, 물은 건널수록 깊다.
▶갈수록 어려운 일이 생긴다.

★ 산전수전 다 겪었다.
▶세상의 여러 가지 일을 겪었다.

★ 살아 이별은 생초목에 불붙는다.
▶생이별은 쓰라리고 안타깝다.

★ 살얼음을 밟는 것 같다.
▶위태위태하여 마음이 불안하다.

★ 삼간초가 다 타도 빈대 죽어 좋다.
▶큰 손해를 봐도 지긋지긋한 대상이 없어지는 게 속 시원하다.

★ 삼 년 가뭄에는 살아도, 석 달 장마에는 못 산다.
  ▶가물 때에는 견디어 나갈 만해도 장마에는 무겁고 구중중하여 견디기 어렵다.

★ 삼년 긴병(진병)에 불효 난다.
  ▶오랜 간병에 한결같이 정성을 다하기 어렵다.

★ 삼십육계에 줄행랑이 제일(으뜸)이다.
  ▶곤란할 때에는 도망하여 화를 피하는 것이 가장 좋다는 뜻이다.

★ 삼년부조면 절교다.
  ▶삼년상을 치르는 동안 한 번도 조상을 아니 한 사람과는 절교한다는 뜻.

★ 삼정승 부러워 말고 내 한 몸 튼튼히 가지라.
  ▶헛된 욕심을 버리고 제 몸을 위하여 건강에나 힘쓰라는 말이다.

★ 상시에 먹은 마음이 취중에 난다.
▶술에 취하게 되면 평소에 마음먹었던 일이 언행에 나타난다는 말.

★ 삼천갑자 동방삭이도 저 죽을 날 몰랐다.
▶사람은 누구나 자신의 운명이 언제 어떻게 될지 아는 이가 없다.

★ 상전 배부르면 종 배고픈 줄 모른다.
▶남의 사정은 조금도 알아주지 않고 제 생각만 하며 제 욕심만 채우려는 사람을 보고 이르는 말이다.

★ 새도 가지를 가려 앉는다.
▶친구를 사귀는 데 있어 사람을 가려서 사귀어야 한다. 직장을 택하는 경우엔 잘 가려서 히라는 뜻이다.

★ 새도 깃을 쳐야 날아간다.
▶무슨 일이고 간에 노력하지 않으면 되는 일이 없다.

★ 새 발의 피다.
> ▶하찮은 일이나 아주 적은 양을 이르는 말이다.

★ 새벽 호랑이가 중이나 개를 헤아리지 않는다.
> ▶급할 때는 무엇이든지 가리지 않게 된다.

★ 새벽달 보려고 초저녁부터 기다린다.
> ▶무슨 일을 너무 일찍 서두른다.

★ 새우 미끼로 잉어를 낚는다.
> ▶적은 밑천으로 큰 이득을 얻는다.

★ 새우 싸움에 고래 등 터진다.
> ▶아랫사람이 저지른 일로 하여 윗사람에게 해가 미침을 이르는 말이다.

★ 생각이 팔자다.
> ▶항상 골똘히 생각하면 소원대로 될 수 있다.

★ **산 닭 길들이기는 사람마다 어렵다.**
▶버릇없고 배운 것 없이 제멋대로 자란 사람을 가르치기 힘들다는 뜻이다.

★ **생선 망신은 꼴뚜기가 시킨다.**
▶여러 사람이 모인 가운데 어느 한 사람의 못난 짓 때문에 전체의 위신이 떨어진다.

★ **생일날 잘 먹으려고 이레를 굶는다.**
▶어떻게 될지도 모르는 일에 미리부터 지나치게 기대함을 이르는 말이다.

★ **서당 개 삼년에 풍월을 읊는다.**
▶어리석은 사람도 유식한 사람들과 오래 상종하다보면 지연 견문이 생긴다.

★ **서른 과부는 넘겨도 마흔 과부는 못 넘긴다.**
▶삼십대에 과부가 된 사람은 혼자 살아도 사십대에 과부가 된 사람은 혼자 못산다.

★ **서낭에 난 물건이냐.**
  ▶물건 값이 너무 헐할 때 이르는 말이다.

★ **서낭에 가 절만 한다.**
  ▶뜻도 모르고 남의 흉내만 열심히 낸다.

★ **서울 가서 김 서방 찾기다.**
  ▶이름도 주소도 모르고 집을 찾아 가는 것을 조롱하는 말이다.

★ **서울 가는 놈이 눈썹 빼고 간다.**
  ▶여행 떠나는 사람은 적은 짐이라도 거추장스러워 될 수 있는 대로 다 덜어 놓고 간다.

★ **서울서 뺨맞고 시골에서 주먹질 한다.**
  ▶욕을 당한 그 자리에서는 말 한 마디 못하고 엉뚱한 데 가서 화풀이한다.

★ 서울 놈은 비만 오면 풍년이란다.
▶농사일을 모르는 서울 사람을 대하여 전혀 알지 못하는 것을 비웃는 말이다.

★ 선무당이 사람 죽인다.
▶솜씨나 기술이 능숙하지 못한 사람이 아는 체하여 하다가 일을 망친다.

★ 섣달 그믐날 시루 얻으러 다니기다.
▶되지도 않을 일을 가지고 애쓰는 미련한 짓이다.

★ 성급한 놈 술값 먼저 낸다.
▶성미 급한 사람이 손해 본다.

★ 세 살 먹은 아이 말도 귀담아 들으랬다.
▶손아랫사람이나 어린 사람 말에도 귀담아 들을 만한 것이 있다.

★ 세 살 적 버릇이 여든 까지 간다.
  ▶어릴 때 몸에 밴 나쁜 버릇은 늙도록 고치기 힘들다.

★ 세 사람만 우겨대면 없는 호랑이도 만들어 낼 수 있다.
  ▶여러 사람이 모여 떠들고 소문을 내면 없는 말도 생긴다.

★ 소도 언덕이 있어야 비빈다.
  ▶누구나 의지할 데가 있어야 일을 이룰 수 있다.

★ 소 잃고 외양간 고친다.
  ▶이미 일을 그르친 뒤에 때늦게 손을 써도 아무 소용이 없다.

★ 소 힘도 힘이요, 새 힘도 힘이다.
  ▶사람은 누구에게나 크나 작으나 제 각기 능력이 있음을 이르는 말이다.

★ 소 닭 보듯, 닭 소 보듯한다.
▶상대에게 관심을 갖지 않고 바라보기만 한다.

★ 소문난 잔치에 먹을 것 없다.
▶파다하게 소문만 난 것이란 알고 보면 실속이나 내용이 보잘것없다.

★ 속으로 호박씨만 깐다.
▶겉으로는 어리석은 체하면서 속으로는 의뭉스런 짓을 한다.

★ 손이 발이 되도록(되게) 빌다.
▶살려 달라고, 또는 용서해 달라고 매우 간절히 싹싹 빌다.

★ 손은 갈수록 좋고, 비는 올수록 좋다.
▶집에 찾아온 손님은 빨리 돌아가는 것이 좋고, 비는 많이 와야 농사에 좋다.

★ 손바닥에 장을 지지겠다.
  ▶상대편이 무슨 일을 절대 할 수 없다고 장담할 때 쓰는 말이다.

★ 손자를 귀여워하면 코 묻은 밥을 먹는다.
  ▶조부모는 손자를 귀여워해도 그 덕은 보지 못한다. 또는 버릇없는 이들과 어울리면 이로운 것이 없다는 뜻이다.

★ 손톱 하나 까딱하지 않는다.
  ▶일이라곤 하지 않고 빤빤하게 놀기만 하는 것을 이르는 말이다.

★ 송아지 못된 것은 엉덩이에 뿔난다.
  ▶못난 사람이 말썽만 피우고 남의 말을 잘 듣지 않음을 이르는 말이다.

★ 송충이가 갈잎 먹으면 떨어진다.
  ▶분수에 넘치는 일을 하면 실패한다.

★ 쇠귀에 경 읽기다.
▶둔한 사람은 아무리 가르치고 일러 주어도 알아듣지 못함을 가리키는 말이다.

★ 쇠꼬리보다 닭대가리가 낫다.
▶닭 벼슬이 될 망정 쇠꼬리는 되지 마라.

★ 쇠똥에 미끄러져 개똥에 코 박은 셈이다.
▶대수롭지 않은 일에 연거푸 실수만 되풀이하여 어이가 없다.

★ 쇠똥도 약에 쓰려면 없다.
▶흔한 물건도 필요하여 찾으면 눈에 띄지 않는다.

★ 쇠뿔은 단김에 빼라.
▶어떤 일을 하려고 생각했으면 곧 행동으로 옮기라는 뜻이다.

★ 수레 위에서 이를 간다.
▶이미 때가 늦은 뒤에 사람을 원망한들 소용이 없다.

★ 수박 겉핥기다.
▶사물의 속 내용은 모르고 겉만 건드림을 이르는 말이다.

★ 술 받아주고 뺨 맞는다.
▶자기 돈을 써서 남을 대접하고 나서 도리어 해를 입는 경우를 말한다.

★ 술은 사람의 얼굴을 누르게 하고, 황금은 사람의 마음을 검게 한다.
▶사람의 나쁜 마음은 재물에서 생겨남을 말한다.

★ 숨은 내쉬고 말은 내하지 말라.
▶말을 입 밖에 내기를 조심하라.

★ 숭어가 뛰니까 망둥이도 뛴다.
▶ 제 처지는 생각하지 않고 남이 하니까 따라한다.

★ 쉰밥 고양이 주기 아깝다.
▶ 내게 필요치 않은 것도 막상 남에게 주자니 아깝다.

★ 시작이 나쁘면 끝도 나쁘다.
▶ 처음이 좋지 않으면 끝도 좋지 않은 결과를 가져온다.

★ 시작이 반이다.
▶ 무슨 일을 시작하면 성공의 가능성이 반쯤은 보인다.

★ 시장이 반찬이라.
▶ 배가 고프면 반찬이 없어도 밥맛이 좋다.

★ 시장한 사람더러 요기시키라 한다.
▶ 제 일도 감당 못하는 사람에게 힘에 겨울 일을 무리하게 요구한다.

★ 시집 밥은 살이 찌고 친정 밥은 뱃살이 찐다.
▶친정에서 살면 속살이 찐다. 곧 시집살이가 편하지 않다.

★ 식은 죽 먹기다.
▶아주 쉬운 일이다.

★ 식은 떡 떼어 먹듯한다.
▶아주 쉬운 일이다.

★ 식은 죽도 불어가며 먹어라.
▶하기 쉬운 일도 매우 조심해서 하라.

★ 신선놀음에 도끼 자루 썩는 줄 모른다.
▶재미있는 일에 정신이 팔려 세월가는 줄 모른다.

★ 신정이 구정만 못하다.
▶새로 사귄 정보다 전부터 오래 사귀어 온 정이 더 두텁다.

★ 실이 와야 바늘이 간다.
▶주는 것이 있어야 받게도 된다.

★ 실없는 말이 송사 간다.
▶무심하게 한 말 때문에 큰 일이 벌어진다.

★ 십년공부 도로아미타불이다.
▶오랫동안 공을 쌓아 오던 일이 하루아침에 무너져 아무 보람 없이 되었다.

★ 십년이면 강산도 변한다.
▶십년이란 세월이 흐르면 변하지 않는 것이 없다.

★ 십리가 모랫바닥이라도 눈찌를 가시나무가 있다.
▶친한 벗 가운데에도 원수가 있다.

★ 싸움은 말리고 흥정은 붙이랬다.
▶안 좋은 일은 말리고 좋은 일은 권해야 한다.

★ 싼 것이 비지떡이다.
▶싼 물건이 품질이 좋지 않다.

★ 쌀독에서 인심 난다.
▶여유가 있어야 남을 돕는다.

★ 썩어도 준치다.
▶값어치가 있는 물건은 썩거나 헐어도 어느 정도 본디의 가치를 지니고 있다.

OX 퀴즈

 낙지의 심장은 3개다?

 눈을 뜨고 재채기를 할 수 없다?

 원숭이도 지문이 있다?

 뽀뽀뽀 노래 중에 뽀가 총 24번 나온다?

 토끼는 걸어 다닐 수 있다?

 한국인 중에 가장 많은 혈액형은 A형이다?

① O ② O ③ O ④ O ⑤ X 토끼는 기어 다니거나 뛰어 다닌다. ⑥ O

개구리를 먹던 살모사가 자기 혀를 깨물었을 경우 살모사는 죽는다.

 닭도 왼발잡이, 오른발잡이가 있다.

 비행기의 블랙박스는 검은색이다.

 여객선의 출발 시간은 뱃고동을 통해 알린다.

 귀뚜라미는 다리에 귀가 있다.

 벼룩은 간을 가지고 있다.

 ⑦ O ⑧ O ⑨ X(오렌지색) ⑩ X ⑪ O ⑫ X

ㅇ으로 시작하는 우리나라 속담

★ 아끼는 것이 찌로 간다.
▶여기서 '찌'는 똥의 사투리로 물건을 아끼기만 하다가 도리어 못쓰게 된다는 뜻이다.

★ 아끼다 똥 된다.
▶물건을 아끼기만 하다가 도리어 못쓰게 된다

★ 아내가 귀여우면 처갓집 말뚝 보고 절을 한다.
▶아내가 눈에 들면 처가의 보잘것없는 것까지도 좋아 보이며 고맙게 여겨진다는 뜻이다.

★ 아내 나쁜 것은 백년 원수, 된장 신 것은 일년 원수다.
▶남자는 아내를 잘못 맞으면 평생을 망친다.

★ 아니 되는 놈의 일은 자빠져도 코가 깨진다.
▶일이 안될 때에는 뜻밖의 재화까지도 일어난다.

★ 아니 되면 조상 탓이다.
▶무슨 일이 잘 안되거나 불행하게 될 때 그 원인을 자기 아닌 다른 데에서 찾아내어 탓함을 이르는 말이다.

★ 아니 땐 굴뚝에 연기 날까.
▶원인 없이 어떤 결과가 생길 수 없다.

★ 아닌 밤중에 홍두깨 내밀듯 한다.
▶예기치 않은 말을 갑자기 불쑥 꺼냄을 비유적으로 나타낸 말이다.

★ 아래턱이 위턱에 (올라가) 붙나.
▶상하의 계급을 무시하여 아랫사람이 윗자리에 올라가 앉을 수 없다.

★ 아랫돌 빼어 윗돌 괴고 윗돌 빼어 아랫돌 괸다.
▶임시변통으로 한 곳에서 빼내어 다른 곳을 막는다.

★ 아무리 바빠도 바늘허리 매어 쓰지 못한다.
▶아무리 바쁜 일도 순서와 격식대로 해야 한다.

★ 아버지는 아들이 잘났다고 하면 기뻐하고, 형은 아우가 더 낫다고 하면 노한다.
▶부모는 자식이 잘났다면 기뻐하지만 형은 아우가 잘났다면 싫어한다.

★ 아비만한 자식 없다.
▶자식이 아무리 훌륭하게 되었더라도 그 아버지만은 못하다. 또는 자식이 아무리 잘났다 하더라도 그 아버지만은 못하다.

★ 아쉬운 김 장수 유월부터 한다.
  ▶돈이 아쉬워서 물건답지 못한 것을 미리 판다. 어떤 변변치 못한 일을 남보다 먼저 일찍 한다.

★ 아이는 작게 낳아서 크게 길러라.
  ▶아이 낳을 때 크고 작은 것에 상관없이 잘 길러서 큰 사람이 되게 기르라는 뜻이다.

★ 아이는 칠수록 운다.
  ▶우는 아이를 때리는 것보다는 달래는 편이 훨씬 낫다.

★ 아이도 낳기 전에 포대기 장만한다.
  ▶무슨 일을 너무 일찍 서두른다.

★ 아이 보는 데는 찬물도 못 먹는다.
  ▶아이들은 어른들이 하는 대로 본뜨므로 언행을 삼가야 한다.

★ 아이 싸움이 어른 싸움 된다.
▶아이 싸움이 나중에는 그 부모들의 시비로 번진다.

★ 아직 이도 나기 전에 갈비를 뜯는다.
▶자신의 힘은 모르고 턱도 없이 힘에 겨운 일을 하려고 한다.

★ 아 해 다르고 어 해 다르다.
▶같은 내용의 이야기도 말하기에 따라 달라진다.

★ 아홉 살 일곱 살 때에는 아홉 동네에서 미움을 받는다.
▶아홉 살 일곱 살 된 아니는 장난이 심하고 말도 잘 안 듣는다 하여 이르는 말이다.

★ 아흔 아홉 섬 가진 사람이 한 섬 가진 사람의 것을 마저 빼앗으려 한다.
▶많은 재산을 가지고 있는 사람일수록 재산에 대한 탐욕이 더욱 큼을 이르는 말이다.

★ 악으로 모은 살림 악으로 망한다.
▶나쁜 짓을 하여 모은 재산은 오래 지니지 못할 뿐더러 도리어 해를 끼치게 된다.

★ 안 되면 조상 탓이다.
▶무슨 일이 잘 안되거나 불행하게 될 때 그 원인을 자기 아닌 다른 데에서 찾아내어 탓함을 이르는 말이다.

★ 악처가 효자보다 낫다.
▶아무리 지독한 아내라도 남편위하는 데는 효자보다 낫다.

★ 안다니 똥파리다.
▶잘 알지도 못하면서 이것저것 아는 체하는 사람을 비웃는 말이다.

★ 안 먹겠다 침 뱉은 물, 돌아서서 다시 먹는다.
▶두 번 다시 보지 않을 것처럼 심하게 대한 사람도 후일에 다시 대하게 된다.

★ 앉아 주고 서서 받는다.
▶빌려주기 쉬움에 비하여 빚 받아내기가 어려움을 이르는 말이다.

★ 앉은 자리에 풀도 안 나겠다.
▶사람이 너무 쌀쌀하고 매서울 만큼 냉정하다.

★ 앉은뱅이 용쓴다.
▶자기 능력으로는 도저히 불가능한 일을 억지로 하려고 애쓴다.

★ 아는 것이 병이다.
▶정확하지 않거나 분명치 못한 지식은 도리어 해롭거나 걱정거리가 된다.

★ 아는 길도 물어 가라.
  ▶ 쉬운 일일지라도 물어서 해야 실수가 없다.

★ 앓느니 죽지.
  ▶ 제가 수고를 좀 덜하려고 남을 시켜서 시원치 않게 일을 하느니보다는 당장에 힘이 들더라도 자기가 직접 해 치우는 편이 낫겠다고 할 때 이르는 말이다.

★ 앓던 이 빠진 것 같다.
  ▶ 근심거리가 없어져서 속이 시원하다.

★ 암탉이 울면 집안이 망한다.
  ▶ 집안에서 여자가 남편을 젖혀 놓고 간섭하면 집안이 망한다.

★ 앞길이 구만리 같다.
  ▶ 아직 젊어서 장래가 아주 유망하다.

★ 얌전한 고양이 부뚜막에 먼저 올라간다.
▶겉으로는 점잖고 얌전한 체하지만, 뒤로는 좋지 못한 짓을 한다.

★ 약에 쓸래도 없다.
▶무엇을 구하려고 아무리 애써 찾아도 조금도 구할 수 없다.

★ 약방에 감초(라)다.
▶어떤 일에나 빠짐없이 참석한다.
  또는 꼭 끼어야 할 필요한 사물을 뜻한다.

★ 양반은 물에 빠져도 개헤엄은 안 한다.
▶아무리 위급한 때라도 점잖은 사람은 체면 깎일 일은 하지 않는다.

★ 양지가 음지 되고 음지가 양지 된다.
▶세상일은 번복을 되풀이한다.

★ 어느 장단에 춤을 춰야 옳을지.
▶여러 갈래의 지시나 명령 따위가 있을 경우, 그 어느 것을 따라야 좋을지 난처하다.

★ 어느 집 개가 짖느냐 한다.
▶남의 말을 들은 체도 않는다.

★ 어르고 뺨치기다.
▶겉으로는 잘 해주는 척하면서 은근히 남을 해롭게 한다는 말.

★ 어린 아이 가진 떡도 빼앗아 먹겠다.
▶제 욕심을 채우기 위해 염치없는 일까지 함을 비웃는 말이다.

★ 어린아이 말도 귀담아 들어라.
▶철없는 어린 아이의 말도 취할 점이 있다.

★ 어린애 매도 많이 맞으면 아프다.
▶작은 손해도 겹치면 큰 손해가 된다.

★ 어린애 보는 데는 찬물도 마시기 어렵다.
▶어린 아이는 어른의 본을 잘 뜨므로 어린애들 앞에서 행동을 조심하라.

★ 어물전 망신은 꼴뚜기가 시킨다.
▶못난 것이 그와 함께 있는 동료까지 망신시킨다.

★ 어미 본 아기다.
▶언제 만나도 좋은 사람을 보고 기뻐함을 이르는 말이다.

★ 어미 팔아 동무 산다.
▶친구 사귀는 것이 더 중요하다는 뜻이다.

★ 어제가 다르고 오늘이 다르다.
▶변화하는 속도가 매우 빠르다.

★ 어지간해야 생원님하고 벗하지.
▶나이로나 지체로나 온갖 점에서 도저히 상대할 사람이 못 된다.

★ 얻어 들은 풍월이다.
▶정식으로 배운 것이 아니라 남에게서 들어 아는 지식을 말한다.

★ 얻어 먹지 못하는 제사에 갓 망건 부순다.
▶아무 이득도 없이 손해만 보았다.

★ 얻은 도끼나 잃은 도끼나.
▶주고 얻은 결과가 똑같아서 이해득실이 없다.

★ 없으면 제 아비 제사도 못 지낸다.
▶워낙 가난하다보면 아버지 제사도 못 지내는데, 하물며 딴 데 비용 드는 일을 어떻게 할 수 있겠느냐는 말이다.

★ 엉덩이에 뿔이 났다.
▶나이 어린 사람이 옳은 가르침을 받지 않고 빗나간다.

★ 엎드러지면 코 닿을 데다.
▶거리가 매운 가까운 데.

★ 엎지른 물을 도로 담을까.
▶한번 저지른 실수는 다시 돌이킬 수 없다.

★ 엎친 데 덮친다(엎친 데 덮치기).
▶어려운 일을 당하고 있는데, 겹쳐서 다른 불행이 닥친다.

★ 여름에 하루 놀면 겨울에 열흘 굶는다.
▶제철을 놓치지 말고 부지런히 일하라.

★ 여름비는 더워야 오고 가을비는 추워야 온다.
▶여름에는 무더운 뒤에 비가 오고, 가을에는 쌀쌀해진 뒤에 비가 온다.

★ 여문 곡식일수록 더 머리를 숙인다.
▶곡식이 잘 익으면 고개를 숙이듯이 훌륭한 사람일수록 교만하지 않고 겸손하다.

★ 여자의 말을 잘 들어도 패가하고 안 들어도 패가한다.
▶남자는 여자의 말이라도 옳은 말은 들어야 하고, 간사한 말은 물리쳐야 한다.

★ 열 길 물속은 알아도 한 길 사람의 속은 모른다.
▶물 깊이는 잴 수 있으나 사람의 마음은 헤아리기 어렵다.

★ 열두 가지 재주 가진 놈이 저녁거리가 간 데 없다.
▶여러 가지 재주를 갖고 있는 사람이 그 재주를 제대로 활용하지 못하고 고생스럽게 지낸다.

★ 열 번 듣는 것이 한 번 보는 것만 못하다.
▶실제로 보는 것이 훨씬 이해가 빠르다.

★ 열 번 찍어 아니 넘어 가는 나무 없다.
▶여러 번 계속해서 노력하면 결국 뜻을 이루게 된다.

★ 열 사람이 지켜도 한 도둑놈을 못 막는다.
▶못된 짓을 꾀하는 자는, 남의 주의가 미치지 않는 틈을 타서 재빠르게 행동하므로 여러 사람이 항상 조심해서 경계해야 한다.

★ 열 손가락을 깨물어 안 아픈 손가락 없다.
▶자식이 많아도 부모의 자애로운 마음에는 다 소중하다.

★ 열흘 굶어 군자 없다.
▶아무리 선한 사람이라도 몹시 궁하게 되면 마음이 변해서 옳지 못한 짓을 하게 된다.

★ 염라대왕이 문밖에서 기다린다.
▶죽을 때가 닥쳤다.

★ 염라대왕이 제 할아버지라도.
▶매우 위독하거나 무거운 죄를 저질렀거나 하여, 이에서 벗어날 가망이 전혀 없음을 이르는 말이다.

★ 염불에는 맘이 없고 잿밥에만 맘이 있다.
▶자기가 마땅히 하여야 할 일에는 정성을 들이지 않고 제 욕망을 채우기 위한 것에만 마음을 둠을 비유적으로 나타낸 말이다.

★ 영감 밥은 누워먹고, 아들 밥은 앉아 먹고, 딸의 밥은 서서 먹는다.
  ▶남편 덕에 살아야 마음이 편하고, 아들 덕에 사는 것도 견딜 만하나 딸네 집에 얹혀사는 것은 차마 못 할 일이다.

★ 오뉴월 감기는 개도 안 앓는다.
  ▶여름에 감기 앓는 사람을 못났다고 조롱하여 이르는 말이다.

★ 오는 말이 고와야 가는 말이 곱다.
  ▶누가 나를 욕하면 나도 그를 욕하게 된다.
  남이 나에게 잘 해야 나도 남에게 잘 한다.

★ 오라는 데는 없어도 갈 데는 많다.
  ▶자기를 소중하게 알아주거나 청하거나 하는 데는 없어도 자기로서 가거나 해야 할 일은 그런대로 꽤 많다.

★ 오르지 못할 나무는 쳐다보지도 마라.
▶자신이 할 수 없는 일이라면 바라지도 말라.

★ 오지랖이 넓다.
▶아무 일에나 쓸데없이 참견하다.

★ 옥에 티(다).
▶본바탕은 나무랄 데 없이 썩 좋으나 아깝게도 한 가지 흠이 있다.

★ 옷은 새 옷이 좋고, 사람은 옛 사람이 좋다.
▶옷은 새것일수록 좋고, 사람은 오래 사귈수록 좋다.

★ 외모는 거울로 보고 마음은 술로 본다.
▶겉으로 볼 수 없는 속마음은 술자리에서 엿볼 수 있다.

★ 외눈 하나 깜짝 아니한다.
▶조금도 놀라지 아니한다.

★ 옥반에 진주 굴듯.
▶목소리가 맑고 아름다우며 또렷하다.

★ 우물가에 애 보낸 것 같다.
▶불안하여 마음이 안 놓인다.

★ 우물에 가 숭늉 찾겠다.
▶성미가 몹시 급한 사람을 비유적으로 나타낸 말이다.

★ 우물 안 개구리이다.
▶식견이 좁은 사람을 비유적으로 나타낸 말이다.

★ 울며 겨자 먹기다.
▶하기 싫은 일을 마지못해 할 경우를 이르는 말이다.

★ 웃는 낯에 침 뱉으랴.
▶좋게 대하는 사람에게는 나쁘게 대할 수 없다.

★ 웃음 속에 칼이 있다.
  ▶겉으로는 친한 체하나 속으로는 도리어 해치려는 마음을 품고 있다.

★ 원님 덕에 나발 분다.
  ▶남의 덕에 좋은 대접을 받는다.

★ 원수는 외나무다리에서 만난다.
  ▶남과 원한을 맺으면 피치 못할 자리에서 만나게 된다.

★ 원숭이도 나무에서 떨어진다.
  ▶아무리 익숙하여 잘 아는 일이라도 실수할 때가 있다.

★ 윗물이 맑아야 아랫물이 맑다.
  ▶위에 있는 사람이 부정한 행동을 하면 아랫사람도 따라서 한다.

★ 은혜를 원수로 갚는다.
▶감사해야 할 자리에 도리어 해를 끼친다.

★ 음식은 갈수록 줄고 말은 갈수록 는다.
▶음식은 옮겨갈수록 줄어들고, 말은 옮길수록 보태어진다.

★ 응달에도 햇빛 드는 날이 있다.
▶역경에 처해 있는 사람에게도 행운이 오는 때가 있다.

★ 이가 없으면 잇몸으로 살지(산다).
▶없으면 없는 대로 견디어 나갈 수밖에 없다.

★ 이웃집 개도 부르면 온다.
▶불러도 안 오는 사람을 꾸짖는 말이다.

★ 이웃집 며느리 흉도 많다.
▶항상 가까이 있고 잘 아는 사이일수록 상대편의 결점이 자꾸 눈에 띈다.

★ 이 잡듯 하다.
▶샅샅이 뒤지어 찾는 모습을 이르는 말이다.

★ 인색한 부자가 손쓰는 가난뱅이보다 낫다.
▶인색하더라도 부자는 남에게 베풀 수 있는 여유가 있어 결과적으로 아낌없이 시원스럽게 쓰는 빈자보다 낫다.

★ 일월은 크고 이월은 작다.
▶한 번 잘되면 한 번 못된다.

★ 잃은 도끼나 얻은 도끼나 매일반.
▶주고 얻은 결과가 똑같아서 이해득실이 없다.

★ 임도 보고 뽕도 딴다.
▶한꺼번에 두 가지의 좋은 결과를 맺을 수 있는 일을 한다.

★ 입에 거미줄 치다.
▶오랫동안 굶었다는 뜻이다.

★ 입에 쓴 약이 병에는 좋다.
▶충고나 교훈은 듣기 싫지만 행동하는 데 도움을 준다.

★ 입에 풀칠(을) 하다.
▶겨우 목숨이나 부지할 정도로 굶지나 않고 산다.

★ 입은 비뚤어져도 말은 바로 하랬다(해라).
▶비록 이롭지 못한 조건에 놓여 있다 하더라도 말만은 언제나 바로 하라.

★ 입이 여럿이면 금도 녹인다.
> ▶여러 사람이 힘을 합하면 안 될 일이 없다.

★ 입이 열이라도 할 말이 없다.
> ▶변명할 여지가 없다.

★ 입추의 여지가 없다.
> ▶많은 사람들이 꽉 들어차서 발 들여놓을 데도 없다.

톡톡 지식창고

— 알아두면 유용한 역사 · 세계사 퀴즈 —

 이방원과 대항하여 제1차 왕자의 난을 일으킨 사람은?

 고려 말 삼은 중 하나로 선죽교에서 죽은 사람은?

 광개토 대왕의 정식 명칭은?

 별무반을 만들고 동북 9성을 만든 고려의 장군은?

로마 제1차 삼두정치의 주도자 3명은?

 마르코 폴로의 동방견문록의 정식 명칭은?

 함수를 만든 수학자는?

 유럽 제국을 통일한 마케도니아의 왕은?

 19세기 프랑스 화가로 나폴레옹의 초상화를 그린 사람으로 유명한 화가는?

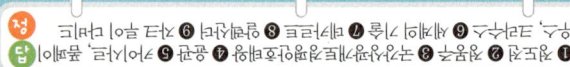

정답 ❶ 카이사르, 크라수스, 폼페이우스 ❷ 세계의 불가사의한 것들의 기술 ❸ 데카르트 ❹ 알렉산더 ❺ 다비드

ㅈ으로 시작하는 우리나라 속담

★ **자에도 모자랄 적이 있고 치에도 넉넉할 적이 있다.**
  ▶경우에 따라 많아도 부족할 때가 있고, 적어도 남을 때가 있다.

★ **자는 호랑이 불침 놓기다.**
  ▶크게 재앙을 당하거나 혼이 날 줄 모르고 공연히 건드린다.

★ **자다가 봉창 두드린다.**
  ▶얼토당토않은 딴소리를 함을 비유하여 이르는 말이다.

★ **자다가 벼락을 맞는다.**
  ▶급작스럽게 공연한 걱정이 생긴다.

★ 자도 걱정 먹어도 걱정이다.
▶근심이 너무 커서 자나 깨나 늘 그 걱정이 사라지지 않는다.

★ 자라보고 놀란 가슴 소댕(솥뚜껑) 보고 놀란다.
▶어떤 일에 몹시 놀라면 그와 비슷한 것만 보아도 겁을 낸다.

★ 자라나는 호박에 말뚝 박는다.
▶남이 잘 되어 가는 일을 시기하여, 이를 방해하는 심술 사나운 마음씨나 행동을 말한다.

★ (잘) 자랄 나무는 떡잎부터 알아본다.
▶앞으로 크게 될 사람은 어려서부터 장래성이 엿보인다.

★ 자랑 끝에 불붙는다.
▶너무 자만하여 거들먹거리면 일을 그르치게 되거나 낭패하는 일이 생기게 된다.

★ 자루 베는 칼 없다.
▶자기 일을 자기 스스로가 처리할 수 없을 때를 말한다.

★ 자식 겉 낳지 속은 못 낳는다.
▶자기가 낳은 자식이라 할지라도 그 마음속까지는 어떻게 할 수 없다.

★ 자식 기르는 것 배우고 시집가는 계집 없다.
▶배우지 않아도 무슨 일이나 부닥쳐서 해나가면 된다.

★ 자식 길러 봐야 부모 은공 안다.
▶부모가 되어 봐야 비로소 부모의 은공을 헤아릴 수 있다.

★ 자식도 품 안에 들 때 내 자식이지.
▶자식이 크면 마음대로 안 된다.

★ 자식은 내 자식이 커 보이고 벼는 남의 벼가 커 보인다.
▶자식은 제 자식이 좋게 보이지만 재물은 남의 것이 더 좋게 보여 탐난다.

★ 작은 고추가 더 맵다.
▶작은이가 큰 이보다 더 단단하고 재주가 있다.

★ 잔칫날 잘 먹으로고 사흘 굶을까.
▶훗날을 믿고 막연히 기다릴 수는 없다.

★ 잘되는 집은 가지나무에 수박이 열린다(달린다).
▶제대로 잘 되어 가는 집에서는 뜻하지 않은 일까지도 모두 잘된다.

★ 잘되면 제 탓, 못되면 조상 탓이다.
▶ 일이 잘되면 제가 잘해서 된 것으로 여기고, 안되면 남을 원망한다.

★ 잘되면 충신이요, 못되면 역적이다.
▶ 일이 성공하면 칭송을 받고, 실패하면 멸시당하는 것이 세상일이다.

★ 잠결에 남의 다리 긁는다.
▶ 자기를 위해 한 일이 뜻밖에 남을 위한 일로 되었다.

★ 조는 집에 자는 며느리 들어온다.
▶ 게으른 사람은 게으른 사람끼리 한 패가 되어 어울린다.

★ 장사 지내러 가는 놈이 시체 두고 간다.
▶ 가장 요긴한 것을 잊거나 잃거나 할 때 이르는 말이다.

★ 재강아지 눈 감은 듯하다.
  ▶무슨 일이 요행히 발각되지 아니하고 감쪽같이 지나가 버린다.

★ 재수 옴 붙었다.
  ▶매우 재수가 없다.

★ 재수 없는 놈은 뒤로 자빠져도 코가 깨진다.
  ▶일이 안될 때에는 뜻밖의 재화까지도 일어난다.

★ 재주는 곰이 넘고 돈은 되놈이 번다.
  ▶애써 일한 사람은 따로 있고, 그 일에서 나오는 이득은 다른 사람이 본다.

★ 쟁기질 못하는 놈이 소 탓한다.
  ▶할 줄 모르는 사람일수록 핑계가 많다.

★ 저는 잘난 백정으로 알고 남은 헌 정승으로 안다.
▶ 대단치 않은 자가 사람을 만만하게 보고 거만을 피우며 저보다 나은 이를 업신여긴다.

★ 저 먹자니 싫고 남 주자니 아깝다.
▶ 몹시 인색하고 욕심이 많다.

★ 저승길과 변소 길은 대신 못 간다.
▶ 죽음과 용변은 남이 대신해 줄 수 없다

★ 저승길이 대문 밖이다.
▶ 죽는 일이 먼 것 같으나 실상은 가까이 있어 인생이란 허무하다.

★ 적게 먹으면 약주요, 많이 먹으면 망주다.
▶ 술은 적당히 마셔야 한다.

★ 절에 가면 중노릇 하고 싶다.
　▶남이 하는 일을 보면 그것이 좋아 보여 덩달아 하고 싶어 하는 것이 인간의 타고난 본성이라는 말이다.

★ 점잖은 개가 똥을 먹는다.
　▶의젓한 체를 하면서도 못된 짓을 한다.

★ 정들자 이별이다.
　▶만난 지 얼마 되지 않아 곧 이별하게 되는 경우를 말한다.

★ 정성이 지극하면 돌 위에 풀이 난다.
　▶정성을 다하면 어려운 일도 해낼 수 있다.

★ 제 꾀에 제가 넘어간다.
　▶남을 속이려다가 오히려 제가 속는다.

★ 제 발등에 오줌 누기다.
　▶자기가 한 짓이 자신을 모독하는 결과로 된다.

★ 제 눈 똥에 주저앉는다.
▶자기가 남을 해치려고 한 일에 도리어 자기가 걸려 들어 해를 입게 되었다.

★ 제 도끼에 제 발등 찍힌다.
▶자기 일을 자기가 망친다.

★ 제 것 주고 뺨 맞는다.
▶남에게 잘해 주고 도리어 해를 입는다.

★ 제 똥(밑) 구린 줄 모른다.
▶자신의 결점은 자신이 깨닫지 못한다.

★ 제 방귀에 제가 놀란다.
▶자기가 무의식적으로 한 일을 지기가 뜻밖으로 생각하여 놀람을 이르는 말이다.

★ 제 버릇 개 줄까.
▶한 번 젖어 버린 버릇은 좀처럼 고치기 어렵다.

★ 제 살이 아프면 남의 살도 아픈 줄 알아라.
▶자기의 경우를 견주어서 남의 사정도 참작할 줄 알아야 한다.

★ 제 손으로 제 눈 찌르기다.
▶자기 스스로가 자신의 일을 그르치는 행동을 이르는 말이다.

★ 제비가 새끼를 많이 낳는 해는 풍년든다.
▶새들은 일기를 미리 알아 그 해에 새끼를 많이 치면 풍년이 든다고 전해 오는 말이다.

★ 족제비도 낯짝이 있다.
▶체면이나 염치를 모르는 사람을 나무라는 말.

★ 종로에서 뺨 맞고 한강에 가서 눈 흘긴다.
▶남에게 욕을 당한 그 자리에서는 말 한마디 못하고 엉뚱한 곳에 가서 새삼스럽게 분개하거나 화풀이를 한다.

★ **죄는 지은 데로 가고 물은 트는 데로 흐른다.**
▶나쁜 짓을 하면 반드시 벌을 받게 되고 좋은 일을 한 사람은 그만큼 좋은 결과가 있다.

★ **주머닛돈이 쌈지 돈이다.**
▶다른 주머니에 들었어도 제 돈이긴 마찬가지다.

★ **주인 많은 나그네 밥 굶는다.**
▶여러 사람에게 관계된 일을 저마다 서로 남을 믿고 하지 않아서 결국 일을 그르치는 경우를 이르는 말이다.

★ **죽도 밥도 안 된다.**
▶되다가 말아서 이것도 저것도 아니므로 아무짝에도 쓸모없다.

★ **죽 쑤어 개 좋은 일 하였다.**
▶애써서 만들어 놓은 일을 남에게 빼앗기거나, 엉뚱한 사람에게 이로울 뿐이다.

★ 죽이 되든 밥이 되든.
▶일이 잘못되어 망치든지 잘 되어 바로 되든지 어쨌든 이란 뜻을 나타내는 말이다.

★ 죽이 끓는지 밥이 끓는지 모른다.
▶일의 진행을 까맣게 모른다.

★ 죽사발이 웃음이요 밥사발이 눈물이라.
▶가난하게 살더라도 걱정 없이 사는 편이 낫다.

★ 죽기는 섧지 않으나 늙기가 섧다.
죽는 것보다 늙는 것이 더 섧다.

★ 죽기는 정승하기보다 어렵다.
▶죽는 일이 매우 어렵다.

★ 죽어 석 잔 술이 살아 한 잔 술만 못하다.
▶죽은 뒤에 아무리 정성껏 하여도 살아 있을 때 조금 생각한 것만 못하다.

★ 죽은 고양이가 산 고양이를 보고 아웅한다.
▶ 아무 힘도 없는 사람이 힘 있는 사람에게 덤벼든다.

★ 죽은 정승이 산 개만 못하다.
▶ 아무리 어렵게 살더라도 죽는 것보다는 사는 것이 낫다.

★ 죽을병에도 쓸 약이 있다.
▶ 어떠한 곤경 중에도 희망은 있는 것이니 낙심하지 말라고 하는 말이다.

★ 죽을 수가 닥치면 살 수가 생긴다.
▶ 어떠한 곤경 중에도 희망은 있는 것이니 낙심하지 말라고 하는 말이다.

★ 중이 고기 맛을 알면 절에 빈대가 안 남는다.
▶ 모르던 일에 한 번 맛들이면 정신을 차리지 못하고 빠져들어 가게 된다.

★ 중이 제 머리를 못 깎는다.
▶자기 자신의 일을 제가 혼자 처리하기는 어렵다.

★ 쥐도 새도 모르게.
▶아무도 전혀 모르게

★ 쥐구멍에도 볕 들 날이 있다.
▶몹시 고생만 하는 사람도 좋은 때를 만나 운수가 좋아질 날이 있다.

★ 쥐고 펼 줄을 모른다.
▶돈을 모으기만 하고 쓸 줄 모른다.

★ 쥐면 꺼질까 불면 날까.
▶몹시 귀중하게 여긴다.

★ 쥐뿔도 모른다.
▶도무지 아무것도 모른다.

★ 지게를 지고 제사를 지내도 제멋이다.
▶ 남이야 어떻게 하든 상관하지 말라.

★ 지렁이도 밟으면 꿈틀한다.
▶ 아무리 순하고 연약한 사람도 너무 업신여기거나 억압하면 대항한다.

★ 지성이면 감천이라.
▶ 정성이 지극하면 하늘도 감동하게 된다.

★ 지위가 높을수록 마음은 낮추어 먹어야 한다.
▶ 지위가 높아질수록 더욱 겸손해야 한다.

★ 지척이 천리라.
▶ 서로 아주 가까운 곳에 살면서도 그곳에 가지 못하거나 오래 만나지 못하므로 멀리 떨어져 사는 것과 다를 바가 없다.

★ 지키는 사람 열이 훔치는 사람 하나를 못 당한다.
▶아무리 조심해서 감시하거나 예방에 힘써도 남몰래 꾸며지는 음모나 도둑 같은 것은 막아내기 어렵다.

★ 집도 절도 없다.
▶생활 근거 없이 떠돌아 다녀 집이나 재산이 없다.

★ 집에서 새는 바가지는 들에 가도(나가도) 샌다.
▶본바탕이 돼먹지 않은 것은 어디를 가나 그 본색을 드러내고야 만다.

ㅊ으로 시작하는 우리나라 속담

★ 차면 넘친다.
▶모든 것이 한번 흥하면 다시 쇠한다.

★ 찬물도 위아래가 있다.
▶모든 일에는 순서가 있다.

★ 찬물도 체한다.
▶서둘러서 좋을 것이 없다.

★ 참새가 방앗간을 그저 지나가지 못한다.
▶자기가 좋아하는 곳은 반드시 거쳐서 가게 된다.

★ 참새가 죽어도 짹한다.
▶아무리 약한 것이라도 너무 괴롭히면 대항하게 된다.

★ 채인 발에 또 채인다.
▶곤란한 일을 당하고 있는 사람이 더욱 곤란한 일을 당하다.

★ 처갓집 말뚝에도 절 하겠다.
▶매우 아내를 사랑하는 사람을 놀리어 이르는 말이다.

★ 처녀가 애를 낳고도 할 말이 있다.
▶큰일이나 잘못을 저지른 사람이 그것을 변명하고 이유를 붙인다.

★ 천 길 물속은 알아도 한 길 사람 속은 모른다.
▶사람의 마음은 알기가 어렵다.

★ 천 냥 빚도 말 한마디로 갚는다.
▶실수가 있을 때에도 말 한마디 잘하고 못하고가 썩 중요함을 이르는 말.

★ 천 냥짜리 서푼도 본다.
  ▶물건 값은 보기에 달렸다.

★ 천리 길도 한 걸음으로부터.
  ▶아무리 큰일이라도 그 첫 시작은 작은 일부터 비롯된다.

★ 천생 연분에 보리 개떡이다.
  ▶보리 개떡을 먹을망정 서로 의좋게 사는 사람을 말한다.

★ 첫술에 배부르랴.
  ▶어떤 일이든지 처음부터 단번에 만족할 수는 없다.

★ 초가삼간 다 태워도 빈대 죽는 것만 시원하다.
  ▶자신에게 비록 큰 손해가 미쳐도 미운 것만 없어지면 속이 시원하다.

★ 초년고생은 돈을 주고도 못 산다.
▶젊어서 고생하여 노력하고 배우면 뒷날 그 보람이 있을 것이므로 그 고생을 참고 달게 여기라는 뜻이다.

★ 취중에 진담 나온다.
▶술에 취하여 횡설수설하는 말도 실은 자신의 속마음을 숨김없이 털어놓는 것이다.

★ 친구는 옛 친구가 좋고 옷은 새 옷이 좋다.
▶물건은 새것이 좋지만 친구는 오래 사귄 친구일수록 정이 두터워 좋다.

★ 친구 따라 강남 간다.
▶자기는 하고 싶지 않으나 남에게 끌려서 덩달아 하게 되는 경우를 말한다.

★ 친 사람은 오그리고 자도 맞은 사람은 다리를 펴고 잔다.
  ▶남을 괴롭힌 가해자는 뒷일이 걱정되어 불안하나 피해자는 마음 편하다.

★ 친손자는 걸리고 외손자는 업고 간다.
  ▶딸에 대한 극진한 사랑으로 친손자가 더 소중하면서도 외손자를 더 귀여워한다.

★ 칠 년 가뭄에는 살아도, 석 달 장마에는 못 산다.
  ▶가물 때에는 견디어 나갈 만해도 장마에는 무덥고 구중중하여 견디기 어렵다.

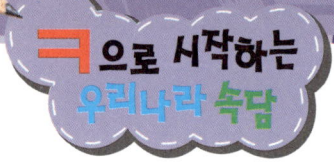

ㅋ으로 시작하는 우리나라 속담

★ 칼로 물 베기다.
  ▶다투다가도 좀 시간이 흐르면 이내 풀리어 두 사람 사이에 아무런 틈이 생기지 않음을 비유적으로 이르는 말이다.

★ 코 막고 숨 막힌다고 한다.
  ▶제 힘으로 쉽게 할 수 있는 일을 어렵게 생각하여 딴 곳에서 해결책을 찾으려고 한다.

★ 코 묻은 돈(떡)이라도 빼앗아 먹겠다.
  ▶하는 짓이 아주 더럽다.

★ 콩 심은 데 콩 나고 팥 심은 데 팥 난다.
  ▶모든 일은 그 원인에 따라 결과가 생긴다.

★ 콩 반 알도 남의 몫 지어 있다.
▶아무리 하찮은 것이라도 남의 것은 가지거나 탐내지 말라.

★ 콩 볶아 먹다가 가마솥 깨뜨린다(터뜨린다).
▶작은 일을 하다가 큰일을 저지를 때에 하는 말이다.

★ 콩 심어라 팥 심어라 한다.
▶대수롭지 않은 일을 가지고 지나치게 간섭함을 이르는 말이다.

★ 콩으로 메주를 쑨다 해도 곧이 안 듣는다.
▶본래 거짓말을 잘하기 때문에 어떤 옳은 말을 해도 믿기 어렵다.

★ 콩이야 팥이야 한다.
▶이러쿵저러쿵 시비하려는 말투로 자꾸 꼬치꼬치 따진다.

★ 콩밭에 소 풀어 놓고도 할 말은 있다.
  ▶큰일이나 잘못을 저지른 사람이 그것을 변명하고 이유를 붙인다.

★ 큰집 잔치에 작은집 돼지다.
  ▶남에게 매여 사는 탓으로 아무 이해관계도 없는 일에 억울하게 희생을 당하는 사람을 말한다.

★ 큰일이면 작은 일로 두 번 치러라.
  ▶무슨 일이든 한 번에 하는 것보다 조금씩 나누어서 하는 것이 낫다.

★ 큰 북에서 큰 소리 난다.
  ▶도량이 큰 사람이 큰일을 한다.

★ 큰 도둑이 작은 도둑을 잡는다.
  ▶큰 죄를 지은 놈이 작은 죄를 지은 놈을 죄로 다스린다.

★ 키는 작아도 담은 크다.
▶ 키 작고 용감한 사람을 말한다.

★ 키 크고 싱겁지 않은 사람 없다.
▶ 보통 키 큰 사람은 싱겁다.

★ 키 큰 암소 똥 누듯 한다.
▶ 일을 하는 것이 보기에 쉽다.

ㅌ으로 시작하는 우리나라 속담

★ 타는 불에 부채질 한다.
▶ 화난 사람에게 더욱 화를 돋운다.

★ 태산을 넘으면 평지를 본다.
▶ 고생을 이겨내면 즐거운 일이 생긴다.

★ 털도 아니 난 것이 날기부터 하려 한다.
▶ 어리석은 사람이 제 분수나 또는 실력에 맞지 않는 엄청난 짓을 하려고 함을 비유하여 이르는 말이다.

★ 꽁지 빠진 새 같다.
▶ 꼭 있어야 될 것을 빼앗기고 그 모양이 괴상하게 되거나 꼴이 초라해진 것을 뜻한다.

★ 털어서 먼지 안 나는 사람 없다.
▶조금도 허물이 없는 사람은 아무도 없다.

★ 토끼 둘을 잡으려다가 하나도 못 잡는다.
▶욕심을 부려서 한꺼번에 여러 가지를 하면 그 중의 하나도 뜻을 이루지 못한다.

★ 티끌 모아 태산이다.
▶아무리 적은 것이라도 조금씩 쌓이고 쌓이면 나중에는 많아진다.

ㅍ으로 시작하는 우리나라 속담

★ 파김치가 되다.
▶ 기운이 지쳐서 아주 느른하게 되었음을 이르는 말이다.

★ 파리똥은 똥이 아니냐.
▶ 비록 양이나 질은 다를지라도 종류는 같다는 말이다.

★ 파리도 여윈 말에 더 붙는다.
▶ 강자에게는 아무도 손을 대지 않지만, 약자에게는 누구나 덤벼들고 괴롭히려 한다.

★ 팔백 금으로 집을 사고 천금으로 이웃을 산다.
▶ 집을 새로 사서 살려면 그 이웃부터 잘 사귀라는 말이다.

★ 팔십 노인도 세 살 먹은 아이한테 배울 것이 있다.
▶나이 어린 사람에게도 배울 것이 있다.

★ 팔 고쳐 주니 다리 부러졌다 한다.
▶사고가 잇달아 일어나는 사람을 두고 이르는 말이다.

★ 팔이 안으로 굽지 밖으로 굽으랴.
▶자기와 가까운 사람에게 정이 더 쏠림은 어쩔 수 없는 일이라는 말이다.

★ 팥으로 메주를 쑨대도 곧이듣는다.
▶지나치게 남을 무조건 믿는 사람을 조롱하는 말이다.

★ 평안(평양) 감사도 저 싫으면 그만(이다).
▶아무리 좋은 일이라도 자기가 하기 싫으면 할 수 없다.

★ 평지에서 낙상한다.
▶마음 놓은 데서 실수가 생기는 것이니 항상 조심하라.

★ 풀 먹은 개 나무라듯 한다.
▶혹독하게 나무라고 탓한다.

★ 팥죽 단지에 생쥐 달랑거리듯.
▶매우 자주 드나듦을 이르는 말이다.

★ 풋나물 먹듯한다.
▶무엇을 아끼지 않고 함부로 먹어 치운다.

★ 풍년거지 더 서럽다.
▶남들은 넉넉하게 지내는데 자기는 반대로 한층 어려운 처지에 있음이 서럽다 하여 이르는 말이다.

★ 피로 피를 씻는다.
▶형제나 혈족끼리 서로 다툰다.

★ 피장이 내일 모레다.
▶ 약속한 날짜를 어기고 하루하루 연기함을 이르는 말.

★ 핑계가 좋아서 사돈네 집에 간다.
▶ 핑계가 좋다.

★ 핑계 없는 무덤(이) 없다.
▶ 무슨 일이라도 반드시 핑계는 있게 마련이라는 뜻이다.

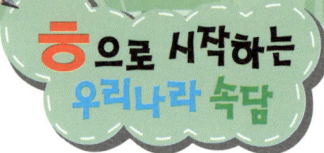
ㅎ으로 시작하는 우리나라 속담

★ 하고 싶은 말은 내일 하랬다.
▶하고 싶은 말이 있으면 충분히 생각하고 난 후에 하라.

★ 하나는 열을 꾸려도 열은 하나를 못 꾸린다.
▶한 사람이 잘 되면 여러 사람을 도와줄 수 있으나 여러 사람이 합하여 한 사람을 잘 살게 하기는 어렵다.

★ 하나를 보면 열을 안다.
▶그 일부를 보면 전체를 알 수 있다.
매우 영리하다.

★ 하나만 알고 둘은 모른다.
▶융통성이 없고 미련하다.

★ 하늘이 무너져도 솟아날 구멍이 있다.
▶아무리 큰 재앤 속에서도 살아날 희망은 있다.

★ 하늘이 무너지고 땅이 갈라진다.
▶예상치 못했던 슬픈 소식으로 가슴이 아프다.

★ 하늘 보고 침 뱉기다.
▶하늘에 대고 침을 뱉으면 자기 얼굴에 떨어진다.

★ 하늘을 보아야 별을 따지.
▶무슨 일이 이루어질 수 있는 조건이나 기회가 도무지 없음의 비유적으로 나타낸 말이다.

★ 하늘이 만든 화는 피할 수 있으나 제가 만든 화는 피할 수 없다.
▶천재는 인간의 노력으로 피할 수 있으나, 자신이 지은 화는 반드시 자신에게 돌아온다.

★ 하늘이 열 조각이 나더라도.
▶어떤 어려움이 있더라도.

★ 하루 물림이 열흘 간다.
▶어떤 일을 한 번 연기하면 자꾸 미루게 된다.

★ 하루 세끼 밥 먹듯한다.
▶아주 예사로운 일이다

★ 하룻강아지 범 무서운 줄 모른다.
▶철모르는 이가 두려운 것을 모르고 함부로 덤비는 것을 말한다.

★ 하룻밤을 자도 만리성을 쌓는다.
▶잠깐 사귀어도 정은 깊게 맺는다.

★ 하룻밤을 자도 헌 각시다.
▶물건을 한번 잠시라도 사용하면 헌것으로 간주한다.

★ 하지도 못할 놈이 잠방이 벗는다.
▶어떤 일을 할 실력도 자신도 없는 사람이 하려고 덤빈다.

★ 학이 곡곡하고 우니 황새도 곡곡하고 운다.
▶남이 하니까 덩달아 따라한다.

★ 학도 아니고 봉도 아니고.
▶행동이 분명치 않거나 사람이 뚜렷하지 못함을 비웃는 말이다.

★ 한날한시에 난 손가락도 길고 짧은 것이 있다.
▶세상의 모든 일이 공평하게 똑같을 수는 없는 것이며 제각기 다른 것이다.

★ 한 달이 크면 한 달이 작다.
▶한 번 좋은 일이 있으면 한 번은 나쁜 일이 있다.

★ 한데 앉아서 웅달 걱정한다.
▶제 걱정도 많은데 쓸데없이 남의 걱정을 한다.

★ 한라산이 금덩어리라도 쓸 놈 없으면 못 쓴다.
▶아무리 귀중한 재물이라도 필요해서 쓸 사람이 있어야 그 가치를 나타낸다

★ 한 귀로 듣고 한 귀로 흘린다.
▶말을 듣고 곧 잊어버린다.

★ 한 입 건너 두 입이다.
▶소문이 차차 널리 퍼짐을 나타낸 말이다.

★ 한 치 걸러 두 치이다.
▶촌수나 친분은 조금만 멀어도 크게 다르다.

★ 한 마리 고기가 온 강물 흐린다.
▶한 사람의 잘못된 행동이 전체에 큰 피해를 입힌다.

★ 한 번 걷어챈 돌에 두 번 다시 채지 않는다.
▶한 번 실수한 것을 또다시 실수하지 않는다.

★ 한 번 엎지른 물은 주워 담지 못한다.
▶일단 저지른 일은 다시 고쳐 회복할 수 없다.

★ 한 부모는 열 자식 거느려도 열 자식은 한 부모 못 거느린다.
▶한 사람이 잘 되면 여러 사람을 도와 살릴 수 있으나 여러 사람이 합하여 한 사람을 잘살게 하기는 어렵다.

★ 한 술 밥에 배부르랴.
▶무슨 일이고 단번에 만족한 결과를 얻을 수는 없다.

★ 한 시를 참으면 백날이 편하다.
▶한 때의 어려움이나 흥분을 참으면 앞날의 일이 편하게 된다.

★ 한 푼 아끼다가 백 냥 잃는다.
▶작은 것을 아끼다가 큰 손해를 본다.

★ 한 푼 아끼면 한 푼이 모인다.
▶돈은 아끼는 만큼 모인다.

★ 한 잔 술에 눈물 난다.
▶사람의 감정이란 하잘것없이 잔일에도 층하를 하는 데서 섭섭하고 서운한 생각이 난다.

★ 행차 뒤에 나팔이다.
▶일이 끝난 다음에 하게 되어 효과가 없음을 이르는 말이다.

★ 허파에 바람이 들다.
▶실없이 행동하거나 지나치게 웃어대는 사람을 나무라는 말이다.

★ 헌 짚신도 짝이 있다.
▶어떤 사람이건 모두 배필이 있다.

★ 헤엄 잘 치는 놈 물에 빠져 죽고, 나무에 잘 오르는 놈 나무에서 떨어져 죽는다.
▶아무리 기술이나 재주가 좋아도 한 번 실수는 있다.

★ 혀 아래 도끼 들었다.
▶말을 잘못하면 재앙을 받게되니 말을 늘 조심해야 한다.

★ 해가 서쪽에서 뜨겠다.
▶좋지 않은 행동을 많이 하던 사람이 갑자기 좋은 일을 하거나 했을 때 이르는 말이다.

★ 혀가 깊어도 마음속까지는 닿지 않는다.
▶아무리 말을 잘해도 마음속에 있는 것을 그대로 표현하기는 어렵다.

★ 형만 한 아우 없다.
▶아우가 아무리 낫다 해도 형만은 못하다.

★ 형 보니 아우다.
▶형의 사람됨을 알아보면 그 동생도 어떠함을 짐작할 수 있다.

★ 형제는 잘 두면 보배, 못 두면 원수다.
▶형제가 서로 협조하면 잘 지낼 수 있으나, 그렇지 않으면 서로 폐를 끼쳐 원수가 된다.

★ 형틀 지고 와서 볼기 맞는다.
▶가만히 있으면 아무 일도 없었을 것을 공연한 짓을 해서 화를 부른다.

★ 호랑이가 굶으면 환관도 먹는다.
▶몹시 궁지에 처하거나 굶주리면 이것저것 가리지 않는다.

★ 호랑이도 제 말하면 온다.
▶어떤 사람에 관한 이야기를 한 때에 공교롭게 그 사람이 나타남을 이르는 말이다.

★ 호랑이도 죽을 때는 제 집을 찾는다.
▶자기가 살던 고향은 누구나 다 애착을 갖는다.

★ 호랑이에게 물려 가도 정신만 차리면 산다.
▶아무리 다급한 경우에 놓일지라도 정신만 똑똑히 차리면 위기를 면할 수 있다.

★ 호랑이 굴에 가야 호랑이 새끼를 잡는다.
▶어떤 성과를 얻기 위해서는 반드시 그에 상응하는 일을 해야만 한다.

★ 호미로 막을 것을 가래로 막는다.
▶적은 힘으로도 충분한 것을 쓸데없이 많은 힘을 들이게 된다.

★ 호박꽃도 꽃이냐.
▶여자는 모름지기 예뻐야 한다.

★ 호박이 덩굴째로 굴러 떨어졌다.
▶뜻밖에 횡재를 말한다.

★ 훈장의 똥은 개도 안 먹는다.
▶선생 노릇은 몹시 힘들다.

★ 흉년에 윤달이다.
▶불행한 가운데 더 불행한 일이 겹쳐 일어남을 이르는 말이다.

★ 흥정은 붙이고 싸움은 말리랬다.
▶좋은 일은 서로 도와주고 궂은일은 서로 말리는 것이 당연한 일임을 이르는 말이다.

★ 흰 것은 종이요, 검은 것은 글씨다.
▶무식하여 글을 알아볼 수 없음을 농조로 이르는 말이다.

★ 흰죽 먹다 사발 깬다.
▶어떤 한 가지 일에 흥미를 느끼다가 다른 일에 손해를 보는 경우에 하는 말이다.

귀에 쏙쏙 영어 속담

★ **If you can't beat them, join them.**
  해치울 수 없다면 즐겨라.
  ▶ 뭔가가 마음에 들지 않더라도 반드시 해야 할 일이라면 즐거운 마음으로 하는 것이 좋다는 뜻이다.

★ **All that glitters is not gold.**
  반짝인다고 다 금은 아니다.
  ▶ 겉으로는 멋지고 괜찮아 보여도 정말 괜찮은 것은 아니라는 뜻이다.

★ **Haste makes waste.**
  서두르다 망친다.
  ▶ 무엇이든 급하면 일을 그르치게 된다.

★ Don't cry over spilt milk.
  때 늦은 후회는 하지 마라.
  ▶이미 일어난 일에 대해 후회해 봤자 아무런 소용이 없다는 뜻이다.

★ The first step is always the hardest.
  처음 시작이 늘 어려운 법이다.
  ▶새로운 일이 닥쳤을 때 어려워 보이지만, 일단시작하면 생각보다 어려운 일이 아니라는 것을 깨닫게 된다는 뜻이다.

★ Nothing ventured, nothing gained.
  도전이 없으면 얻는 것도 없다.
  ▶사람은 항상 변화를 받아들이고 도전을 해야 한다는 뜻이다.

★ A friend in need is a friend indeed.
  어려울 때 도와주는 친구가 진짜 친구다.
  ▶좋을 때는 누구나 좋은 친구가 되지만, 내가 어려운 상황이 되었을 때 곁에 있는 친구야말로 진정한 친구라는 뜻이다.

★ The best wine comes out of an old vessel.
  가장 좋은 술은 오래 된 통에서 나온다.
  ▶사람도 오랫동안 일한 경험이 많은 이가 더 낫다는 뜻이다.

★ Let sleeping dogs lie.
  자고 있는 개는 가만둬라.
  ▶공연히 사서 고생하지 말라는 뜻이다.

★ You never know what you can do till you try.
해 보기 전에는 네가 어떤 일을 할 수 있는지 절대 알 수 없다.
▶어떤 일이든 일단 해봐야 할 수 있는지 없는지 알 수 있다는 뜻이다.

★ Another man's burden is always light.
다른 사람의 짐은 늘 가벼워 보인다.
▶똑같은 처지라도 다른 사람이 훨씬 나아보이듯이 남보다는 나를 먼저 생각하는 사람의 마음을 나타낸 말이다.

★ Look before you leap.
뛰기 전에 살펴라.
▶어떤 일을 하기 전에 상황을 살피고, 미리 알아보라는 뜻이다.

★ **Danger past, and God forgotten.**
위험을 넘긴 후에는 하나님을 잊는다.
▶위급한 순간을 모면하고 나면 언제 그랬냐는 듯 당시를 그만 잊어버린다는 뜻이다.

★ **Talent above the talent.**
재능 있는 사람 위에 재능 있는 사람.
▶아무리 뛰어난 재능을 가진 사람이라도 세상에는 그보다 더 뛰어난 재능을 가진 사람이 있다는 뜻이다.

★ **As good do it at first, as do it last.**
마지막에 하는 것보다 처음에 하는 것이 낫다.
▶이왕에 할 일이라면 미루지 말고 얼른 하는 것이 좋다는 뜻이다.